극락아미타여래후불탱, 111×112cm, 비단위에 금니, 2007 _ 예정화

왜 나무아미타불인가?
우익 대사(藕益大師)의 아미타경요해(阿彌陀經要解)

J. C. Cleary 영역 · 이기화 옮김

불광출판사

일러두기

　이 책은 미국의 불교학자 J. C. Cleary 박사가 명나라 우익지욱(蕅益智旭, 대사)의 『아미타경요해(阿彌陀經要解)』를 영역한 『Mind - Seal of the Buddhas: Patriarch Ou-i's Commentary on the Amitabha Sutra(Sutra Translation Committee of the United States and Canada, 1997)』를 번역한 것이다.

　『아미타경』은 정토삼부경 중 가장 간결하면서도 시적이고 아름다운 내용으로 대승불교 문화권 내에서 많은 불자들이 좋아하여 독송하는 경전이다. 예부터 아미타경을 해설한 책이 많으나 그 중에서도 우익 대사의 아미타경요해(阿彌陀經要解)가 가장 탁월한 주해서로 알려져 있다. 근대 중국 정토종의 인광(印光) 대사는 우익 대사의 아미타경요해를 사리와 이치가 모두 지극한 최고의 주해서로서 옛 부처님들이 다시 세상에 나와 아미타경에 주석을 달아도 이 주해를 능가할 수 없다고 극찬하였다.

　이 책은 Cleary 박사가 우익 대사의 주해서를 불교에 대한 전문적인 지식이 부족한 서구인들이 이해할 수 있도록 되도록 난삽한 부분을 생략하고 그 요지를 충분히 살려서 번역한 것이다. 또한 Van Hien Study Group이 편집하여 주도 달고 불교용어도 해설하였다. 이 책을 번역하면서 유용하다고 생각되어 편집자가 제공한 주와 불교용어를 합하여 편집자 주로 묶어 괄호 안에 그 번호를 표시하였다. 한편 역자가 필요하다고 생각한 경우에 별도의 주를 추가하였다.

왜 나무아미타불인가?

우익 대사(藕益大師)의 아미타경요해(阿彌陀經要解)

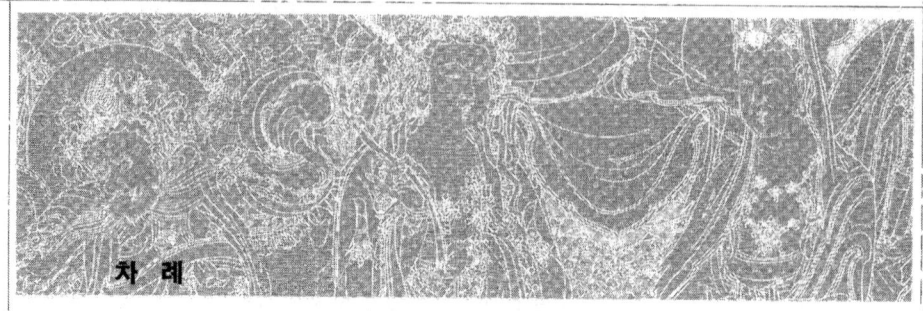

차 례

편집자 머리말 … 6

정토불교 요약 … 10
    정토불교란 무엇인가? | 11
    정토불교의 주요한 특징 | 12

영역자 머리말 (J. C. Cleary) … 14
    불교, 정묘한 방편 | 14
    정토불교의 가르침, 염불 | 19
    아미타경의 전망 | 25
    부처님의 명호 부르기 | 32
    우익 대사의 생애와 염불 수행 | 37
    우익 대사의 아미타경요해 | 46

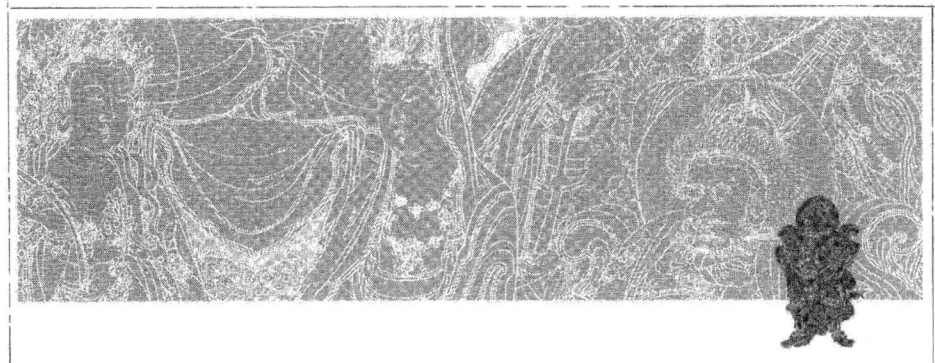

아미타경요해 ... 54

경의 요지 ... 57

경의 해설 ... 77

서분 ... 79

정종분 ... 99

　　정토에 대한 믿음 | 100
　　정토 왕생의 발원 | 125
　　수행, 부처님의 명호를 간절히 부르라 | 133

유통분 ... 157

발문 ... 183

역자 후기 (이기화) ... 187

참고문헌 ... 198

편집자 머리말

정토불교(淨土佛敎)는 현재 아시아에서 수행하고 있는 불교의 모든 형태 중에서 가장 널리 신봉되고 있는 종파라고 할 수 있다. 이 정토종의 중심에 『아미타경(阿彌陀經)』이 있다. 아미타경은 대승불교의 세계에서 매일 저녁 수많은 사찰과 가정에서 독송하는 매우 아름답고 시적인 경전이다. 『화엄경』, 『범망경』과 아울러 부처님께서 대중의 질문을 받지 않고 특별히 자발적으로 설하신 몇 가지 안 되는 기본 경전에 속하는 아주 중요한 경전이기도 하다.

서양에서 아미타경을 번역한 책이 몇 종류 있다. 가장 잘 알려진 것이 19세기의 유명한 학자인 막스 뮐러(Max Müller)의 것이다. 하지만 아직까지 이 경에 대한 신뢰할 만한(所依) 주해서는 영어로 출판되지 않은 것 같다. 다행히 J. C. 클리어리(Cleary) 박사가 번역한 아미타경 요해를 만났다. 이 책은 정토종의 9대 조사로 인정받는 우익(藕益) 대사(1599-1655)의 아미타경에 대한 매우 주요한 중국어

주해서이다. 반 힌 연구회(The Van Hien Study Group)에서 이 책을 이용할 수 있게 된 것은 특혜라고 할 수 있다.

고통 받는 현실 속에서 위로와 평안을 갈망하는 사람들에게 정토불교는 아주 쉬운 길을 일러준다. 간절하게 아미타불을 부르면 안락하고 청정하고 이상적인 극락세계에 나아갈 수 있음을 보여준다.

정토문헌 들은 나중에 아미타불이 된 법장(法藏) 보살의 아름다운 이야기를 들려준다. 극락세계는 법장 보살이 사람들을 돕겠다고 발원하여 이루어진 청정하고, 이상적인 국토이고, 법장 보살의 발원처럼 간절히 부르면 누구나 극락세계에 왕생하게 된다.

그는 과거 무한한 시간을 통하여 중생들이 받는 고통을 깊이 슬퍼하여 모든 중생들이 고통으로부터 해방될 수 있는 극락세계를 세우려고 결심했다. … 과거 81번째 부처님 앞에서 법장왕은 극락에 관한 48원을 세웠다. 그는 이 원들을 이루기 전에는 깨달음을 얻지 않겠다고 맹세했다. … 수많은 시간이 지난 후 법장은 깨달음을 얻어 부처가 되었고 그의 18번째 원이 이루어졌다. 그는 서방 극락세계의 왕이 되었고, 신심 깊은 사람들이 그 곳에 환생해 점차 각성의 단계를 높여 가며 결국 깨달음을 얻게 된다.

(Joji Okazaki, Pure Land Buddhist Painting, pp. 14~15)

정토인 극락은 궁극적으로 마음이 만든 것이다. 하지만 미혹과 집착에 얽매여 끊임없이 자기와 남, 내 것과 남의 것을 구분하는 사람들에게는 그것 또한 실재이다 – 마치 꿈같이 사라지는 이 세계가 실재인 것처럼.

다음 두 선승의 문답을 보자.

제자 : 스님, 정토가 실재합니까?

스승 : 이 세계가 실재하느냐?

제자 : 물론 실재합니다. 스님.

스승 : 만약 이 세계가 실재한다면, 정토는 더욱 더 그러하다.*

모든 중생들이 빛과 생명의 자비로운 부처님의 숭고한 서원들을 다시 발견하길 기원한다. 그들이 자신의 보리심 - 부처님들의 심인(心印)을 다시 발견하기를 기원한다! **

D. 풍(Phung)/ 민 탄(Minh Thanh)/ P. D. 리(Leigh)
라이 브룩(Rye Brook): 베삭(Vesak), 96년 5월

● ǀ 서구의 세속적인 견지에서, 초자연적 존재가 심리학적 투영에서 비롯되었다는 각성이 악마, 귀신, 천사와 성인들의 신화를 깨트리고 그들의 능력을 박탈하였다. 그러나 바르도 토돌〔Bardo Thodol, 티베트 사자(死者)의 서(書)〕에서는 신들을 '투영'이라고 말하지만 결코 '단순한 투영'이라고는 말하지 않는다. 신들은 존재한다. 신들은 경건하게 다루어져야 하며 단지 지적인 통찰로서 다루어져서는 안 된다.

(D. G. Dawe in The Perennial Dictionary of World Religions, p. 93)

●● ǀ 보리심: 모든 중생들을 위하여 깨닫겠다는 결심. 심인(心印): 가르침의 핵심 또는 정수

정토불교의 요약

　역사적으로 실존했던 석가모니 부처님께서 기원전 480년에 열반하신 후 불교는 여러 가지 형태로 발전하였다. 그 중에서 동아시아와 일부 동남아시아 지역, 즉 중국, 한국, 베트남, 일본 등 광범위한 지역에서 발전한 것을 대승불교라고 한다.

　시간이 흐름에 따라 대승불교 안에서도 사람들의 근기와 처한 상황에 따라 여러 가지 종파가 발생하였다. 선불교, 정토불교 그리고 밀교를 대승불교의 주된 종파로 손꼽는다. 그 중에서도 비록 가르침과 수행법이 서양에 널리 알려져 있지는 않지만, 가장 광범위하게, 가장 많은 사람들이 정토불교를 신봉하고 있다.

　　그 대중적 어필 덕분에, 정토불교가 빠른 시일 안에 동아시아에서 불교 신자들이 귀의하는 대상으로서 가장 지배적인 형태가 되었다.

　　　　　　　　－ M. Eliade, ed., Encyclopedia of Religions, Vol. 12

정토불교란 무엇인가?

정토불교는 동아시아에서 발전한 대승불교의 종파로서 아미타불에 대한 믿음, 아미타불의 명호에 대한 명상과 음송(吟誦), 그리고 신앙의 궁극적인 목표로 '정토' 또는 '서방 극락세계'로의 왕생을 강조한다.

- Keith Crim, general editor,
Perennial Dictionary of World Religions. p. 586

가장 보편적인 정토 수행법은 아미타불의 명호를 부르는 것이다. 명호를 부르고 생각하는 염불 수행은 절대적인 믿음과 정토에 왕생하려는 진실한 서원이 있어야 한다.

또한 정토불교에는 위와 같은 대중적인 수행 방식과 더불어, 무한한 빛과 무한한 수명의 아미타불이 한없이 밝고 영원히 지속되는 우리의 불성(佛性)과 같다는 매우 차원 높은 이치가 있다(自性彌陀 唯心淨土).

정토불교의 주요한 특징

1. 정토불교의 가르침은 자비, 즉 모든 중생을 그의 정토로 기쁘게 인도하려는 아미타불의 자비로운 서원에 대한 믿음에 근거하고 있다.

2. 목표(성불 과정에 있어 디딤돌로서 서방정토에 왕생하고자 한다)와 수행 방법이 쉽다(어디에서나, 어느 때나, 특별한 의식이나 복장이나 지도 없이 수행이 가능한 방법이다).

3. 마음의 모든 병들을 치료하는 만병통치약이다. 다른 수행 방법이나 관법(觀法)은 단지 특별한 병만을 치유하는 것을 목표로 한다(예를 들면, 송장을 관하는 것은 육욕을 끊기 위함이고, 호흡을 세는 것은 어지러운 마음을 제어하기 위함이다).

4. 매우 민주적인 수행법으로서 신도들을 모든 종교적 권위에서 해방시킨다. 말하자면 비밀한 형이상학, 스승, 다른 명상의 권위자들에게 의지하지 않도록 한다.

이러한 까닭에 13세기 이후 여러 세기에 걸쳐 정토불교는 동아시아에서 가장 우세한 전통으로 자리 잡았으며, 불교의 민주화와 재가불교의 융성에 결정적인 역할을 해왔다. 일본 정토종의 조사인 법연(法然, 1133~1212)은 정토불교의 진수를 다음과 같이 요약했다.

남자나 여자나, 착하거나 악하거나, 신분이 높거나 낮거나, 아무런 차별이 없다. 아미타불에 대한 절대적인 믿음을 가지고 그 이름을 부르면 누구나 정토에 왕생한다.

- Elizabeth ten Grotenhuis in Joji Okazaki,
Pure Land Buddhist Painting, p. 14

반 힌 연구회(Van Hien Study Group)

영역자 머리말

이 책은 17세기 중국 정토종의 특출한 조사로 손꼽히는 우익(藕益) 대사의 아미타경(阿彌陀經)에 대한 주해서를 번역한 것이다. 우익 대사의 아미타경요해는 정토불교(淨土佛敎)의 소의 경전의 하나인 아미타경에 대한 가장 탁월한 주해서로 평가 받고 있다. 먼저 불교의 전반적인 모습, 정토불교의 특징, 우익 대사의 생애와 그가 수행했던 시대의 불교사적인 의의 등을 간단히 소개하는 것이 독자들에게 도움이 되리라 생각한다.

불교, 정묘한 방편

불교는 2,500여 년 동안 다양한 형식으로 발전했다. 그 중에서 정토종이 가장 지배적인 종파로 자리 잡았다. 정토불교의 독

특한 가르침과 방법은 매우 대중적이다. 정토 수행법은 모든 사람들이 영적인 능력을 집중적으로 고양할 수 있도록 특수하게 고안되어 있다. 각자의 업연(業緣)에 개의치 않고 남녀노소 모두 직장이나 가정 등 생활속에서, 어떠한 상황이든, 아무리 바빠도 정토불교를 수행할 수 있다. 그래서 정토불교는 지역을 가리지 않고 언제나 굉장한 인기를 얻었다. 지난 천 년 동안 동아시아에서 가장 광범위하게 수행된 것도 그 때문이다. •

● | "정토종은 현재 중국과 일본에서 가장 많은 신봉자를 가지고 있는 불교의 종파이다."(The Shambhala Dictionary of Buddhism and Zen, p. 174) Jean Eracle(Geneva 민속지학 박물관 관리자)에 의하면 정토종은 전 세계적으로 1억 이상의 신자들을 가지고 있다. (Trois Soutras et un Traité sur la Terre Pure. p. 7)

불교 교육의 기본 원리는 정교하고도 미묘한 방편이라 할 수 있다. 다시 말하면, 불교의 메시지는 반드시 개개인 각각의 요구와 근기에 적합하도록 표현되어 있다. 불교인의 관점에 의하면, 긴 역사를 통하여 불교가 매우 다양한 형태로 발전한 것은 지극히 타당한 일이다. 그뿐만 아니라 절대적으로 필요한 것이다.

정묘한 방편이라는 관점에서 볼 때, 어떠한 특수한 형태의 불교가 다른 형태의 불교보다 더 좋고 더 나쁘다고 단정지을 수 없다. 사람들의 요구가 시대적으로 변해감에 따라 여러 세대를 거치면서 깨달은 스승들은 불교 안에서 여러 형태의 가르침을 펴왔다. 물론 지혜와 자비로써 동일한 목적, 상구보리 하화중생(上求菩提 下化衆生) 차원에서 이루어진 것이다. •

다만 어떤 특정한 불교의 형태가 지닌 효율성에 대해서는 중요하게 언급해야 한다. 즉 어느 종파가 사람들로 하여금 더욱 자비롭게 행동하고, 절제하고, 남에게 관대하고, 자신의 영적인 성장을 위하여 헌신하고, 더욱 집중하여 궁극적인 깨달음의 지혜를 개발할 수 있도록 이끌어주느냐라는 것이다.

선가(禪家)에 다음과 같은 말이 내려오고 있다.

"그릇된 말이라도 해탈로 이끌면 참되고, 참된 말이라도 집착의 대상이 되면 그릇된다."

정토불교의 신봉자들은 항상 정토수행법이 가장 많은 사람들의 요구를 충족시켜 준다고 강조한다. 특히 대중들이 믿고 수행하기에 매우 효과적이므로 정토불교가 가장 귀중하다고 주장한다.

현실을 직시할 때, 우리들은 대부분 불교 경전에 설해져 있는 오랜 겁에 걸친 점진적인 수행이나, 선사들의 영웅적인 노력이나, 밀교에서 요구하는 장기간의 헌신적 수행 등을 통해서

● ⅰ 모든 종(宗)이나 방법은 각각 특정한 대중을 목표로 한 방편이므로 어떤 시기에 특정한 사람이나 단체에 대하여 완벽하여 흠잡을 데 없다.

   D. T. Suzuki의 다음 구절을 보자.

"불교 심리학은 서로 모순으로 보이는 불교의 다양한 유형의 경험들을 설명하기 위한 정교하고 포괄적인 이론을 갖고 있다. 실제로 중국불교의 역사는 다양한 종파들을 융화시키기 위한 일련의 시도이다. … 다양한 방법의 분류와 융화가 제시되었고, … 결론은 이렇다. 불교는 인간이 다양한 업에 따라 성격, 기질과 환경에서 많은 차이가 나므로 진리에 들어가는 매우 많은 문들을 제공한다. 이것은 부처님께서 같은 물이라도 암소가 먹으면 영양분이 많은 우유가 되고, 코브라가 먹으면 치명적인 독이 되므로 병에 따라 약을 주어야 한다고 말씀하시어 분명하게 가르쳐주셨다. 이것이 (교묘한) 방편의 교리이다. …." (The Eastern Buddhist, Vol. 4, No. 2, p. 121)

해탈할 수 있는 가능성이 희박함을 인정할 수밖에 없다. 반면에 정토수행법은 분명히 모든 사람들을 위하여 고안된 매우 쉽고도 편한 길이라고 생각한다.•

● ⎮ 작고한 Buddhist Lodge and Buddhist Society(London)의 창립자가 불교 수행의 진정한 목표에 관하여 이야기한 다음 구절을 보자.

"서양에서, 마음을 개발하는 데에 필요한 어떤 지침에 관한 요구가 - 저자들의 동기가 무엇이든 극단적으로 위험한 책들이 갑자기 대량으로 나타나면서 - 절박해졌다. 이 책들의 어디에도 마음의 개발을 위한 단 하나의 진정한 동기인 모든 인류의 이익을 위한 명상자의 깨달음(즉, 보리심의 개발)에 관한 언급이 없다. 그렇기 때문에, 독자들은 사업의 능률이 향상하고 신분의 상승에 이익을 보는 더 높은 단계에 도달하기 위한 목적으로 공부하고 명상하는 것을 아주 당연하다고 믿게 되었다. 사정이 이러하여 (British) Buddhist Society는 집중과 명상(Concentration and Meditation)을 편집하고 출판하여 끊임없이 바른 동기를 강조하고 아울러 두통에서 발광까지 지구상에서 가장 강력한 힘인 인간의 마음을 우습게 보는 사람들에게 다가오는 위험을 십분 조심하도록 경고하였다. (Christmas Humphreys, The Buddhist Way of Life, p. 100)

정토불교의 가르침, 염불

정토불교는 무한한 빛과 무한한 수명의 부처님인 아미타불에 대한 신앙에 중점을 둔다.

아미타불은 일심으로 자기 이름을 부르는 모든 사람들에게 정토왕생을 약속하였다. 아미타불이 상주하는 정토, 곧 극락세계에는 이 세상의 어떠한 악도 존재하지 않는다. 일단 정토에 왕생하면 우리는 깨달음의 길을 가로막는 속된 세상의 번뇌와 애착으로부터 해방되고, 아미타불과 모든 성중(聖衆)의 가르침을 받아 영적 성장을 지속해 나갈 수 있다.

정도불교의 신봉자들은 극락정토 왕생을 발원함으로써 아미타불의 약속에 대한 그들의 깊은 신앙심을 나타낸다. 그들은 아미타불의 명호를 부르고, 그분의 덕성을 생각하고, 그분의 모습을 관(觀)하면서 수행한다.

정토수행에서는 마음을 아미타불에 집중한다. 이 세상의 고난은 우리가 아미타불의 극락정토에 왕생하기 위하여 굳게 나아가는 길에서 맞게 되는 일시적인 불편에 지나지 않는다. 우리는 더 이상 사회적 역할이나 개인적 노력에서 발생하는 불가피한 부침(浮沈)에 좌우되지 않는다.

즉 우리의 참 모습이 정토의 주민이고 아미타불의 친구임을 믿는다. 일상적인 일을 하고 사회적 책무를 다하면서도, 우리의 참된 과업은 아미타불의 명호를 부르는 것이고, 참된 책무는 '염불' 하면서 마음을 맑히는 것이다. 이를 믿고 실천 수행하는 이를 정토수행자라 한다.

믿음(信), 발원(願), 그리고 수행(行)은 정토불교에서 서로 함께하며 서로 이끌어준다. 우익 대사는 그의 아미타경요해(阿彌陀經要解)에서 다음과 같이 말했다.

"믿음이 없이는 발원하기에 부족하다. 발원이 없이는 수행으로 이끌기에 부족하다. 부처님 이름을 부르는 묘한 수행 없이는 소원하는 것을 이루어 믿음의 결실을 보기에 부족하다."

정토불교의 특징은 아미타불의 명호를 부르며 그분에게 귀의하는 소위 '염불(念佛)'에 있다. 부처님의 명호를 부름으로써 주의를 아미타불에 집중한다. 이렇게 함으로써 부처님을 생각하는 것, 즉 염불을 성취할 수 있다.

염불을 이해하기 위해서는 '부처'라는 단어가 의미하는 바를 상기할 필요가 있다. 또한 '부처'라는 단어가 의미하는 여러 수준의 개념들을 분명히 함으로써 정토불교가 불교의 전 영역에서 어떻게 어울리는가를 이해할 수 있게 된다.

가장 보편적인 수준에서, '부처'는 존재의 모든 개별적 형태에 스며든 절대적 실재에 대한 이름이다. 그래서 '법신불(法身佛)'이라고도 하기도 한다.

'부처'는 바다이다. 우리, 다른 생명체, 자연현상, 행성, 별과 은하계를 포함하는 우주의 모든 것들은 부처의 바다 위에 출렁거리는 파도이다. '부처'는 우리 자신의 실체이자 본질이다. 그러나 이 사실을 매순간 단순한 추상적인 개념이 아닌, 명백한 체험으로 알고 있는 사람이 얼마나 될까?

'부처'는 또한 절대적 실재를 일상생활에서 생생히 경험하고, 그 본연의 속성인 자비, 지혜, 능력과 청정을 끌어내 쓰는 사람들의 이름이다. 이러한 사람들이 깨달은 사람들 즉 '부처'들이다. 대승경전에서 항상 '시방세계의 과거·현재·미래의 모든 부처들'에 관하여 설한다.

경전이 의도하는 바는 우리에게 지구뿐만 아니라 중생들이 살고 있는 전 우주의 과거, 현재 그리고 미래의 무수한 존재들이 이 유일한 절대적 실재를 경험했고, 경험하고 또 경험할 것이고, 그리하여 깨달음을 전하는 능력을 갖게 됨을 알리려는 데 있다.

우익 대사는 이것을 다음과 같이 표현했다.

"근본적으로 모든 부처님들은 법신으로서 가르침을 펴신다. 그들은 중생들이 진리와의 인연을 견고히 하여 깨달음의 씨앗을 강화할 수 있도록 이끈다.…그들은 가르침의 방편을 드높여 광대한 중생들에게 편다. 그들은 중생들이 사는 고통의 바다 속에 들어가 자비로써 중생들이 고요한 빛(寂光)과 어울리도록 한다."

이러한 의미에서 부처님은 여러 다양한 화신(化身)들을 가졌었고 또 갖게 될 것이다. 불경에서는 무수한 부처님들의 이름을 거론하면서 그들의 세계와 시대에 관하여 설한다. 그 중 잘 알려진 부처님들이 석가모니불(인도에서 태어난 역사적으로 실존했던 부처님으로서 지구상에서 한 시기에 깨달음의 가르침을 폈다), 또는 미륵불(앞으로 지구상에 지혜와 정의를 새롭게 베풀 미래불), 그리고 비로자나불(시방 세계를 다 비추는 우주적 부처)들이다. 아미타불은 이 가운데 한 분으로 이 세상 사람들과 특별한 인연이 있다.

절대적 실재로서 '부처'는 '부처의 진리(法)의 몸' 또는 '실재의 몸'을 의미하는 '법신불(法身佛)'로 불린다. 법신불은 "모든 깨달은 사람들의 참되고 청정한 실재로서, 특징을 초월하고, 고요하고, 모든 이론을 초월하고, 참되고 청정한 덕성을 무한히 구족하고, 모든 곳에 평등한 만물의 참된 성품(眞性)"이다.

깨달은 존재의 특수한 모습으로서의 '부처'는 '모습이 있는 부처의 몸' 또는 '나타나는 몸'을 의미하는 '화신불(化身佛)'로 불린다. 부처님은 가르침을 펴기 위해서 화신불로서 몸을 나타냄으로써 보통 중생들이 알아볼 수 있는 특수한 모습을 가져야 한다는 것이다. 화엄경에 의하면 "모든 화신불은 교묘한 방편에서 생긴다."고 하였다. 겉으로 지각되는 모습들은 다를지 모르나 그 배후에 있는 부처의 실재는 하나라는 것이다.

'부처'라는 단어는 또한 모든 사람들이 공유하는 깨달음에 대한 본래의 잠재력을 말하기도 한다. 대승불교는 우리 모두에게 '불성(佛性)'이 있으며, 모든 불교 종파의 위대한 사명은 이것을 밝혀내어 불성을 깨닫고, 우리 일상생활에 활용할 수 있도록 이끌어주는 것임을 강조한다. 이러한 맥락에서 볼 때 부처님을 기억하는 염불은 우리의 타고난 권리인 청정한 지혜와 무욕(無慾)한 자비의 능력인 참된 본성을 기억하는 것이다. 염불(부처님의 명호를 부르는 것)함으로써 우리의 참된 자신을 바로 되찾게 된다.

이러한 의미에서 모든 형태의 대승불교는 염불을 목표로 한다. 정토불교의 독특한 점은 부처님의 명호를 부르는 것이 염불의 가장 효과적이고 가장 널리 실행할 수 방법임을 가르치는 데 있다. 정토불교는 보통사람들이 깨달음의 본질을 만날 수 있는 단순하고 보편적으로 실행할 수 있는 방법으로 고안되었다.•

우익 대사는 염불에 대한 이러한 견해를 『아미타경요해』에서 일관되게 보여주고 있다.

"아미타불의 명호는 중생에게 본래 있는 깨달은 진성(眞性)이고, 그 명호를 부르면 이 깨달음이 드러난다…."

• ǀ 화엄경은 모든 것이 서로 융통함을 가르친다 - 가장 작은 것이 가장 큰 것을 포함하고, 또 그 반대도 성립한다. 현대적 예의 하나로서 한 개의 컴퓨터 칩에 수많은 책들을 내장할 수 있다. 이 가르침은 보살이 궁극적으로 성불하는 수행의 마지막 단계들을 기술하는 경의 26품에 명확히 설명되었다. 그 품은 모든 단계에서, 보살의 행동이 "결코 부처님의 명호를 부르는 것을 초월할 수 없다"는 것을 가르친다.

이것이 법운지(法雲地)라고 부르는 보살의 제 10단계의 요약이다. … 보시(布施), 애어(愛語), 이행(利行), 동사(同事) 등 어떠한 행동을 해도, 결코 염불(念佛, 부처님 명호를 부르는 것), 염법(念法), 염승(念僧)에서 떠나지 않는다. … (Thomas Cleary, tr., The Flower Ornament Scripture[Avatamsaka Sutra], Vol. II, p. 111)

본래 있는 깨달은 진성과 합치하면, 그 순간 부처가 된다. 매 순간 본래 있는 깨달은 진성과 합치하여 매 순간 부처가 된다.

아미타경의 전망

간결하나 매우 화려한 경전인 아미타경은 정토불교의 신앙과 수행에 관한 기본적인 원칙을 제공한다. 아미타경 역시 경전의 통상적인 형식에 따라 석가모니 부처님께서 인간과 하늘나라 사람(大人)들을 포함하는 모든 대중에게 설법을 통해 메시지를 전하고 있다.

부처님께서는 아미타불과 정토의 존재를 선언하면서 가르침을 시작하신다.

"여기에서 서쪽으로 십만 억 불국토를 지나면 '극락'이라고 하는 세계가 있다. 그 국토에 아미타불이 계시어 지금도 법을 설하신다."

"그 나라를 왜 극락이라고 하는가? 그 나라 중생들

은 아무 괴로움이 없고 즐거운 일만 있으므로 극락이라고 한다."

부처님께서는 계속하여 중생제도를 위한 아미타불과 정토의 의의에 대해 설명하신다.

"그대 생각에 그 부처님을 왜 아미타라고 부르는가?"

"그 부처님의 광명은 한량이 없어 시방세계를 두루 비추어도 걸림이 없기 때문에 아미타라고 부른다."

"또 그 부처님의 수명과 그리고 그 나라 백성의 수명이 한량없고 끝이 없는 아승지겁(阿僧祇劫 : 인도 말로 헤아릴 수 없는 오랜 기간. 역자주)이므로 아미타라고 부른다."

"아미타불이 성불하신 지 벌써 십겁이 지났다. 또 그 부처님에게는 무수히 많은 성문 제자들이 있는데 모두가 아라한들이고 그 수는 산수로써 능히 헤아릴 수 없다. 여러 보살 대중의 수도 또한 그렇다."

"극락세계에 태어나는 중생들은 다 아비발치(阿鞞跋致 : 인도말로 보리심에서 물러나지 않는 존재들. 역자주)이며 그

중의 일생보처(一生補處: 일생을 지나면 부처가 되는 보살로서 최고위인 등각(等覺). 역주)도 그 수가 심히 많아 산수로써 알 수 없어 다만 한량없고 가가 없는 아승지(阿僧祇: 인도 말로 헤아릴 수 없이 큰 수. 역자주)로 말할 뿐이다."

"이 말(극락국토에 관한)을 들은 중생들은 마땅히 서원을 세워 그 나라에 태어나기를 원해야 한다. 왜냐하면 그곳에 가면 이 모든 가장 착한 사람들과 한데 모여 살 수 있기 때문이다."

경은 또한 다음과 같은 정토의 불가사의한 공덕장엄에 대해 설한다. 보석으로 만들어진 나무와 연못 그리고 누각, 여러 색깔의 빛을 뿜는 아름다운 연꽃, 항상 들리는 천상의 음악, 하늘에서 떨어지는 눈부신 꽃들, 황금이 깔린 땅, 부처님의 가르침을 노래하는 새, 정토의 모든 것이 그 나라 사람들에게 불교의 진리를 잊지 않게 한다. 실로 이상적인 나라이다!

무엇보다도, 극락세계의 모든 사람들은 죄보의 몸으로 이 세상에서 태어난 우리가 받는 어떠한 고통도 받지 않는다. 그들에게는 아픔, 굶주림, 병 그리고 늙어 죽는 괴로움이 없다.

극락세계의 사람들은 또한 아미타불과 수많은 성중을 직접 만나는 혜택을 입는다. 그들의 수명은 무한하고 깨달은 존재가 될 때까지 정토에 끝없이 오래도록 살 수 있다.

　우익 대사는 이어서 정토의 여러 불가사의한 장엄에 대해 분명하게 말해 준다.

"정토에 왕생하는 중생들이 사는 집들과 환경의 모든 장엄은 아미타불 본유의 위대한 서원과 수행의 진실한 공덕에 의하여 만들어 졌다. 이것이 그 분이 정토의 모든 것을 장엄하고, 과거 · 현재 · 미래의 모든 세계의 보통사람들과 성인들을 포용하여 정토에 왕생토록 할 수 있는 까닭이다."

　또한 우익 대사는 무한히 펼쳐 있는 세계들이 서로 융통하는 것, 깨달은 사람들의 기본 인식이라 할 수 있는 화엄불교의 관점에서 아미타불의 극락정토를 고찰한다.
　우익 대사는 아미타불의 정토에 사는 사람들이 정례적으로 다른 세계들에 다녀오는 구절에 관해 설명하면서 이 점을 강조한다.
　먼저, 경의 구절을 보자.

"그 나라의 중생들은 항상 새벽에 각각 바구니에 여러 가지 아름다운 꽃들을 담아 다른 곳의 십만 억 부처님들께 공양을 올리고 식사 때에 본국으로 돌아와 식사를 마치고 산책한다."

우익 대사는 다음과 같이 설명한다.

"이 구절은 정토에서의 모든 소리, 감각대상, 순간, 그리고 모든 발걸음과 손가락 하나의 움직임도 시방 모든 세계의 삼보와 장애 없이 융통함을 보여준다. 이것은 또한 속세의 번뇌와 업상이 너무 커서 실제로는 우리가 사는 세상이 극락세계와 분리되어 있지 않지만 그곳과 분리되어 있음을 보여준다. 극락세계에 태어나면 우리의 공덕이 매우 커져서 '사바'로 불리는 이 속세와 실제로는 분리되지 않은 채 분리되어진다."

의미심장하게도, 아미타경은 아미타불과 서방 정토에 국한하지 않고, 더 나아가 시방의 모든 부처와 그들의 국토에 관하여 차례로 설한다. 우익 대사는 이것을 당연한 것처럼 설명한다.

"(어느 방향이건) 공간은 무한하고, 그쪽에 한량없이 많은 세계들이 있다. 무한히 많은 세계들이 있으므로 또한 그 곳에 사는 수없이 많은 부처님들이 있다.… 이러한 까닭에 경에서 '무한히 많은 다른 부처님들'을 설한다."

다시 말해서, 모든 개별적 부처가 본질적으로 하나의 절대적 실재, 즉 법신불의 화신임을 이해하는 것이 요점이다. 우익 대사가 상기시키듯이 부처는 단수이자 복수이다.

"부처는 무수한 공덕을 가지므로 가르침의 상황에 따라서 무수한 명호들을 갖는다. 어떤 때는 원인이 되는 조건에 의하여, 때로는 성취한 결과에 의하여, 때로는 본유의 성품에 의하여, 때로는 겉에 드러나는 특징에 의하여, 때로는 수행이나 서원 또는 그 외의 것들에 의하여… 각 이름은 불성의 특별한 덕성을 나타낸다. 만일 우리가 깨달은 존재들의 모든 덕성을 다 말하고자 한다면 시간이 다하도록 말해도 결코 끝낼 수 없다."

이 몇몇 부처님들의 명호를 부름으로써, 경전은 우리로 하여금 그 명호의 의미와 연관된 덕성에 집중하여 수행의 길에서 그 명호가 우리에게 힘을 보태도록 한다. 부처님들의 명호들을 부름으로써 경전이 보여주는 정토의 행렬이 중생을 이롭게 하는 효과가 중대한다.

우주에 무수한 부처들이 있는데, 우리는 왜 아미타불에만 집중하는가?

우익 대사는 이 질문에 명료한 대답을 준다.

"(아미타불의 정토 대신에) 왜 전 우주에 초점을 맞추지 않는가? – 세 가지 이유가 있다. 즉 초심자가 보리심을 내기 쉽고, 아미타불의 근본 서원이 가장 강력하고 또 아미타불이 우리 세계의 중생과 특별한 인연이 있기 때문이다."

경의 끝머리에 이르러, 아미타불의 명호를 부르는 방법을 권한 후, 석가모니 부처님께서는 모든 다른 부처님들을 찬양하고, 자신이 이 혼탁한 세계의 어려운 상황에서 아미타불 염불법을 가르친 것에 대한 그들의 찬탄을 받아들이셨다.

"내가 지금 여러 부처님의 불가사의한 공덕을 칭찬하듯이 저 부처님들도 또한 나의 불가사의한 공덕을 칭찬하시며 다음과 같이 말씀하신다.

'석가모니 부처님이 매우 어렵고 희유한 일을 하셨다. 시대가 흐리고(劫濁), 견해가 흐리고(見濁), 번뇌가 흐리고(煩惱濁), 중생이 흐리고(衆生濁), 생명이 흐린(命濁) 사바세계의 오탁악세(五濁惡世)에서 아뇩다라삼먁삼보리를 깨달아 여러 중생들을 위해 이 모든 세상에서 믿기 어려운 법을 설하셨다.'"

부처님의 명호 부르기

아미타경에서 석가모니불은 염불(아미타불 명호 부르기)에 의한 정토법의 기본 수행 요소들을 제시하였다. 부처님께서 말씀하셨다.

"만약 착한 남자와 여자들이 아미타불에 대한 이야기를 듣고 하루, 이틀 혹은 사흘, 나흘, 닷새, 엿새, 혹은 이레 동안, 한결같이 아미타불 이름을 불러 한 마음이 되어 흩어 지지 아니하면, 그들이 임종할 때, 아미타불께서 여러 성인들과 함께 그들 앞에 나타나신다. 그래서 그들은 목숨을 마칠 때 마음이 뒤바뀌지 않고 곧 아미타불의 극락세계에 왕생한다. 나는 이러한 이익을 보았기 때문에 이 말을 한다. 중생들이 이 말을 들으면 마땅히 그 극토에 태어나도록 발원해야 한다."

정토에 달통한 사람들이 부처님의 명호를 부르는 여러 가지 형식을 인가하고 권장하였다. 홀로 또는 집단으로, 말없이(마음 속의 소리와 귀로), 혹은 큰 소리로, 조용히 혹은 힘차게, 앉거나 서있거나, 걷거나 또는 누워있을 때, 일상의 일을 하기 전이나 할 때나, 또는 그 후에 부처님의 명호를 부른다. 정토와 선을 통합한 방법은 '부처님의 명호를 부르는 자가 누구인가?'라는 의문에 초점을 맞추며 부처님의 명호를 부르는 것이다. 그래서 우익 대사는 다음과 같이 강조하였다.

"가장 중요한 목표는 산란하지 않고 통일된 마음(즉, 일심)으로 부처님의 명호에 집중하는 것이다."

부처님 명호를 부르는 것은 이 목표를 달성하기 위한 수많은 불교 수행 방법의 하나이다. 이 방법이 좋은 것은 비교적 안전하고 수행하기 쉬워서 보통사람이나 성인이나 모두 가능한 수행방법이기 때문이다. 비록 전적으로 집중할 수 없다 해도 그래도 부처님의 명호를 부르는 것은 매우 유익하다. 우익 대사는 설명한다.

"부처님의 명호를 산란하지 않고 일심으로 부르면 그 명호로 불성의 덕성들을 불러내게 된다. 불성의 덕성들이 불가사의하므로 부처님 명호 또한 불가사의하다. 부처님 명호의 공덕이 불가사의하므로 산란한 마음으로 부른다 할지라도 깨달음의 씨앗이 되어 물러나지 않고 깨달음의 길에 나아가게 된다."

부처님의 명호를 부르는 것이 여러 정토수행법 중의 하나이다. 그 수행법들은 아미타불을 관(觀)하는 것, 아미타불의 덕성을 깊이 생각하는 것, 공양하는 것, 절하는 것, 참회하는 것, 불법승 삼보를 생각하는 것, 계율과 관용을 생각하는 것 등을 포함한다. 그러나 우익 대사는 말한다.

"부처님의 명호를 부르는 것이 모든 방편 중 첫째의 방편이고, 모든 원만한 진리 중 가장 원만한 진리이고, 모든 완벽한 가르침 중 가장 완벽한 가르침이라고 할 수 있다."

왜냐하면 부처님의 명호를 부르는 것에 특별한 실제적 이익이 있기 때문이다.

"만약 이 수행법 중 어느 하나라도 완성한다면 (그리고 그 공덕을 정토왕생에 회향한다면), 정토에 왕생하게 될 것이다. 부처님의 명호를 부르는 것이 모든 근기의 사람들을 가장 광범위하게 끌어 모을 수 있고, 그리고 수행하기 가장 쉬운 방법이다."

정토수행에서 아미타불의 명호를 부르는 것은 아미타불의 능력에 통하는 것이다. 우리의 허약한 능력으로는 저 언덕에 이를 수 없을지 모른다. 그러나 아미타불은 자신의 능력에 이를 수 있는 문을 우리에게 열어 주어, 모든 부처님의 보호를 받을 수 있게 하였다. 우익 대사는 정토수행자들을 위한 아미타불의 능력과 매우 중요한 역할에 대해 설명한다.

"아미타불은 정토의 안내자이다. 48서원의 힘으로, 아미타불은 명호를 부르는 염불수행을 발원한 중생들을 받아들이고, 극락세계에 왕생하여 결코 그곳에서 물러나지 않도록 한다.

가장 중요한 점은 아미타불에 관한 모든 것이 무한하다는 것이다. 즉 공덕과 지혜, 신통력과 수행력, 화신(化身)과 환경, 가르침을 펴고 중생을 제도하는 일에 이르기까지…."

"위대한 서원으로서, 아미타불은 중생이 선근(善根)을 증대하는 바탕을 만들고, 위대한 덕행으로 중생이 공덕을 증대하는 상황을 만든다. 아미타불은 우리에게 믿음과 서원을 내어 자신의 명호를 부르게 하여, 매 순간 이러한 공덕들을 성취토록 한다…."

"아미타불의 모든 장엄은 중생의 마음속에 모든 장엄의 개발을 증대하도록 자극하는 실체로서 작용한다."

시간과 공간의 아득히 먼 곳에서, 아미타불은 그의 명호를 무한으로 향하는 문으로 제공하고, 그 문을 지나 부처님들의 무한한 생명을 공유하도록 우리를 초대한다.

아미타경은 여섯 방향의 부처님들을 열거할 때, 이 점을 반복하여 강조한다. 석가모니 부처님께서 대중에게 설하셨다.

"왜 이 경을 모든 부처님들이 보호하고 염려하시는 경이라 하는가?"

"만약 선남자 선여인들이 이 경을 듣고 받아 지니거나, 여러 부처님들의 이름을 들으면 이 선남자 선여인들은 모두 다 모든 부처님들이 보호하고 염려하여 아뇩다라삼먁삼보리에서 물러나지 않게 된다."

"그러므로 너희들은 모두 내 말과 여러 부처님의 말씀을 잘 믿어야 한다."

우익 대사의 생애와 염불 수행

아미타경요해는 17세기 전반부에 중국에서 살았던 한 사람의 저서이다. 중국의 모든 특출한 스님들과 마찬가지로 그도 많은 이름들을 가지고 있다. 그의 법명은 지욱(智旭:1599~1655)이고, 자는 우익(藕益)이요, 호는 팔부도인(八不道人)이다. 편의상 일단 그의 이름 중의 하나인 우익 대사로 부르기로 하자.

우익 대사는 사회적·정치적 위기로 격동하던 명나라 말기, 지식인들이 깊은 이념적 분열과 자기 회의에 빠졌던 시기에 태어났다. 그는 명나라의 쇠퇴와 몰락의 과정에서 성장했다. 장기간에 걸친 내란 후 중국이 마침내 야만인으로 여겼던 만주족에 의하여 정복되는 것을 보고 살았다.

그 무렵의 중국은 몇 세대에 걸쳐 불안하지만 활기찬 경제적 변화를 경험했다. 교역과 이동이 더 활발해지고, 생활의 더 많은 영역이 현금 경제로 휩쓸려갔다. 황실 정권은 점차 사회의 요구로부터 심지어는 상류층의 야망과 이익에서도 멀어져 가고 있었다. 심각한 파벌 투쟁이 엘리트 정치 계층을 분열시켰고, 전 체제의 적법성에 대한 문제가 제기 되었다. 새로운 이념, 새로운 형태의 예술과 문학, 사회적 비판과 풍자가 혼란 속에서 표면으로 뛰쳐나왔다.

종교에 있어서도 "세 가지 가르침이 하나로 통합된다"는 조류가 추진력을 얻고 있었다. 점차 더 많은 중국인들이 도교, 유교, 그리고 불교의 이념과 수행들을 통합하여 서로를 보완해야 한다고 느꼈다. 대중적인 종교 지도자들이 혼합 형태의 새로운 종교를 설교하였고, 불교·유교,·도교 등 고전들의 요지를 더욱 광범위한 대중에게 전하려고 노력하였다.

특히 유교 사상의 가장 유력한 학파는 그 당시 선불교의 이념에 물들어 있었다. 그들은 평범한 사람들, 남자와 여자를 막론하고 인간이 가진 덕성이 성인(聖人)과 동등하다는 것, 그들의 잠재력을 새롭게 강조하였다. 유교를 신봉하는 선비들의 상당수가 선(禪)의 언어를 이해하고, 불교도인 친구들과 어울렸고, 불교와 유사한 고요한 명상과 행동하는 지혜를 닦아나갔다.

한편 많은 불교도들이 종교적 수행을 증진하기 위하여 도교의 기(氣)수련에 의지하였다. 불교도들은 기의 통로를 뚫기 위하여 정교한 내관(內觀)과 운동을 하였다. 밀교와 도교의 영향들이 선과 교종(敎宗)의 주류 속으로 혼합되어 오늘날까지 중국불교의 양식을 이루고 있다.

그 당시의 중국 문헌들은 모든 형태의 종교에 대한 강한 회의론을 견지하고 있었다. 이는 모든 종류의 권위자들에 대한 불신이 만연하였음을 보여준다. 불교의 스님들과 도교를 닦는 도인들은 종종 정신적인 깨달음보다 세속적인 후원과 지지에 더 많은 관심을 가진 어릿광대나 사기꾼들로 묘사되었다. 또한 유학자들은 공모하는 출세주의자, 무자비한 냉소주의자, 파산한 이상주의자, 무기력한 몽상가들의 잡다한 패거리로 보였다. 권력을 쥔 사람들은 정의나 공적인 의무감도 전혀 없고, 조금도 제지받지 않는 타락하고 복수심 많은 폭군들로 묘사되었다. 사람들은 그 밖의 다른 데서는 구원을 받을 곳이 없었다. 그래서 좋다는 확신도 없고 열의도 없이 맹목적으로 불교나 도교를 수행하는 것으로 보였다.

우익 대사가 역사의 무대에 등장하기 수십 년 전부터 중국 불교 내에서 여러 종교부흥운동들이 일어났었다. 그 동안 불교 지도자들 사이에서는 수세기에 걸쳐 발전된 형식과 교육 방법 등 중국불교의 전 유산, 전 영역을 복원하여 새롭게 거듭나려는 시도가 합의되어 추진되었다.

불교경전을 더 쉽게 구할 수 있도록 활발하게 출판되었고, 선 공안話頭들을 많이 수집, 인쇄하여 유통시켰다. 당시에는 부유하고 강력한 후원자들이 많았다. 14세기 명나라가 세워질 때 전쟁 중에 파괴된 불교 사원들이 16세기에 대부분 복원되었다.

중국 역사상 마지막으로 교육을 받은 승가(僧伽)의 지도자들이 국가에서 막강한 정신적 지도자들이 되었으며, 그들은 불교적 견해를 그 당시 엘리트들의 대화에 도입하였다. 그러나 한편으로 그러한 시도는 매우 위험한 일이기도 했다. 우익 대사 이전 세대의 가장 유명한 선사였던 자백진가(紫柏眞可)는 폭압적인 정부 정책에 반대하다 목숨을 잃었다. 다른 종파의 불교 지도자였던 감산덕청(憨山德淸) 또한 그가 집필한 저서의 인쇄와 사원 복원 사업의 후원자가 황실의 정치적 음모로 내몰리자 승려직을 박탈당하고 유배되었다.

우익 대사의 일생은 그가 살았던 당시의 시대적인 불안을 반영하고 있다. 다시 말하면 우익 대사의 삶은 수많은 개인적 위기와 자신의 수행을 재평가하려는 노력으로 점철된 강렬한 영적 투쟁의 생애였다. 그는 일생을 통하여 지칠 줄 모르고 깨달음의 열쇠를 찾기 위해 노력하였다. 진정한 스승과 진실한 도반을 찾기 어려운 시대적 상황 속에서 우익 대사는 불교의 여러 방법론과 이론의 흐름을 연구해 나갔던 것이다.

그는 10대에 다른 부유한 가정의 소년들처럼 유교 공부에 몰두하였다. 그 사회에서 가장 권위 있는 신분인 정부 관료가 되는 시험을 준비하기 위해서 유교 공부는 필수적인 것이었다. 훗날 불태워 버렸지만, 그는 심지어 정통적인 유교 통치 학파의 논리로써 불교를 비난하는 평론을 쓸 정도로 철저한 유교 신봉자였다.

20세 때 논어를 공부하다 안목이 열림을 느꼈다. 그때 공자의 마음을 이해했다고 느꼈다. 그해에 그의 아버지가 죽었다.

우익 대사는 불교를 초도덕적이요, 부도덕하다고 공개적으로 비난한 주희(朱熹, 1130~1200)의 정통적 유교철학의 정적(靜的)인 규범을 뛰어 넘었다. 그는 선불교의 여러 측면을 통합한 왕양명(王陽明, 1472~1528)의 더욱 역동적(力動的)인 유교의 흐름을 깊이 연구하였다.

　20대 초반에 우익은 선 수행을 하기 시작하였다. 마침내 24세에 집을 떠나 승려가 되었고, 『수능엄경(首楞嚴經)』의 가르침을 따라 명상하였다. 수행을 통해 눈부신 결과를 얻었다. 모든 경전과 선화(禪話)의 의미가 분명해진 것처럼 느꼈다. 그러나 궁극적인 수준에 이르렀다고 생각하지 않았으므로 이것을 누구에게도 말하지 않았다. 그 이전이나 이후의 많은 지성인들처럼 그도 정토수행법은 수준 이하의, 오직 보통사람들에게만 적합한 수행법이라고 생각했었다.

　28세 때에 어머니가 지병으로 돌아가신 후, 그는 중병에 걸렸다. 병고에 시달리면서 생사의 위험에 처했을 때 전에 깨달은 바가 전혀 도움이 안 됨을 알게 되었고, 크게 실망하였다. 이때부터 우익은 선수행을 하면서 부처님 명호를 부르는 수행을 병행하였다.

　이러한 병행 수행은 중국불교에서 이미 아주 오래된 수행 경향이기도 했다. 염불수행이 기능적인 면에서는 선의 명상과 같으나 선보다는 훨씬 쉬운 수행법인지라 대부분의 보통사람들이 삼매를 이루는 데 더욱 효과적인 길임을 인식하고 있었던 것이다. 이러한 사조의 영향을 받아 우익은 어머니가 돌아가신 후, 2년 동안 은거하면서 선과 정토를 병행하여 수행하였다.

그는 31세에 선종의 유명한 스승을 한 분 만났는데, 그를 보면서 그 무렵의 선수행이 얼마나 타락하였는지 알 수 있었다. 그때부터 선 수행을 완전히 외면했다. 그는 언제나 선사들의 진정한 깨달음을 인정하였다. 하지만 선이 대부분의 사람들에게는 닦기 어려운 방법이고, 그 당시의 선은 대체로 지적인 유희에 불과하다고 판단하였다.

그 후로 더욱 더 정토수행에 정진하였다. 동시에 율장(律藏)을 연구하였으며, 불교 경전과 철학적 논저들을 광범위하게 탐독하였다. 그는 6세기에 중국에서 발달한 대승불교의 체계적이고도 종합적인 천태종의 철학을 깊이 연구하였나. 마침내 정토불교와 불교의 경(經)과 논(論) 사이에 어떠한 어긋남도 없음을 분명히 확신할 수 있었다. 그의 아미타경요해는 유식철학(唯識哲學)적 존재론에 확고한 기반을 두고 있으며, 종종 천태종의 범주를 넘나든다.

그는 30대에 수행자를 더 높은 실재에 연결하는 특별한 리듬의 연속인 만트라의 암송에 매혹되었다. 특히 지옥중생을 제도하는 지장보살의 만트라 주송에 열중하였다. 몽골족이 중국을 지배하고 티베트 불교를 후원하였을 때, 만트라를 외우는 밀교수행이 중국불교에 흡수되었다. 대중들은 만트라를 수행자들을 보호하고 심지어 그들에게 초능력을 부여하는 마법의 주문으로 여길 정도였다.

그러나 그는 더욱 공부함에 따라 밀교에서 제멋대로 하는 만트라 주송이 위험할 수 있다고 생각하여 주송을 억제한다는 것을 알게 되었다. 실제로 밀교는 만트라 수행이 과오를 증대하고 지각을 왜곡시키는 것을 방지하기 위하여 전제 조건으로 매우 엄격한 규율을 요구하고 있다. 그는 다른 사람들에게 만트라 가르치는 것을 중단하였다. 보편적으로 안전한 단 하나의 주문인 부처님 명호 부르는 염불 수행에만 매진하였다.

30대 후반부터 그는 더욱 더 대중을 위한 교화에 전념하였다. 대중을 위하여 더욱 광범위하게 설법하였다. 아울러 책을 집필하고 경과 논을 해설하였다. 이때 명나라는 멸망하는 와중에 있었다. 농민 반군이 북쪽에서 정부군을 패주시키고, 만주의 병사들이 북동으로부터 침략할 준비를 하고 있을 무렵이었다. 그는 당분간 이러한 정치적 동란으로부터 안전한 양자강의 삼각주 지대에 있었다.

그는 스스로 정토법을 선호했음에도 불구하고, 다른 형태의 불교도 존중하였다. 완전히 비종파적인 관점을 유지한 것이다. "중생들의 근기와 상황이 전부 다르므로 다른 형태의 갖가지 불교의 가르침들이 고안되었다. 어떤 것은 열려 있고, 어떤 것은 닫혀 있으며 모든 종류의 전문용어를 사용한다. 가르침은 모든 중생들이 각기 들을 준비가 되어있는 것에 맞춰 효과적으로 표현된다."고 역설하였다.

39세에 그는 크게 깨달았다. 그리고 불교, 도교, 유교 사이에 차이가 있는 것은 단지 이 세 가지 가르침들이 모두 각기 다른 필요에 따른 방편이기 때문임을 알게 되었다.

46세 때 또 중병에 걸린 그는 자신의 수행을 다시 생각하고, 정토수행에 전념하였다. 생애의 마지막 15년간 그는 엄청난 학식, 놀라운 열정과 정신력으로 75권의 방대한 저서를 저술했다. 중요한 불교의 경전과 논뿐만 아니라 다양한 유교 고전, 심지어는 주역까지 해설하였다. 아미타경요해는 그가 49세 때 9일 동안 저술한 것이다.

우익 대사는 1656년에 죽었다. 세속 나이 57세 때였다. 제자들에게 화장을 한 뒤 자신의 뼈를 모아 갈아서 밀가루와 섞어 과자로 구워 산에 뿌리라고 유언하였다. 새와 짐승들이 이것을 먹고 불교와 인연을 맺게 하기 위해서라고 전해지고 있다. 제자들은 스승의 원을 따를 만한 자신감이 없었다. 대신에 그의 뼈를 영봉사(靈峯寺) 대웅전 옆 탑에 모셨다.

우익 대사의 아미타경요해

우익 대사는 아미타경을 지적인 단련이 아니라 정토수행자들에게 실질적 도움이 되도록 해설하였다. 그의 말을 들어보자.

"내 바람은 이 책의 한 줄 한 자가 정토수행자의 자량(資糧)이 되고, 이 책에 쓰인 것을 읽거나 듣는 자가 곧 깨달음의 길에서 물러남이 없는 지위로 나아가는 것이다."

이 책에서 우익 대사는 정토의 가르침을 불교의 '유심론(唯心論)' 철학으로 설명한다. 오직 하나의 실재만 존재한다. 즉 법신불(法身佛), 불심(佛心) 그리고 일심(一心)이다. 모든 것들은 일심의 바다 위에 나타나는 파도, 잔물결이요, 순간의 물방울들이다. 모든 세계, 모든 부처, 모든 중생, 모든 시간, 모든 장소의 모든 존재들의 경험들이 이러하다.

일심론적 세계관이 우리의 개별성을 말살하지 않은 채 절대적 실재와 연결되어 있음을 강조하는 것에 대해 주목할 필요가 있다. 불심이 존재하는 모든 것이고, 우리 또한 불성을 갖고 있으며, 비록 의식하지 못한다 해도 우리의 개별적인 작은 마음들에 불심이 스며들어 있는 것이다. 모든 무지와 미혹 그리고 죄업이 하는 짓은 우리로 하여금 우리의 진성, 불성, 그리고 우리와 일심과의 본질적인 통합을 의식하지 못하도록 차단하는 것이다. 우리의 작고 시시한 마음으로 일심을 평가하거나 접근하는 것은 마치 찻잔 하나로 바닷물을 퍼내려는 것과 같다.

여기에 바로 우리를 제도하려는 부처님과 보살들의 자비로운 방편들이 등장한다. 불교의 모든 진정한 가르침들은 우리가 일심을 깨닫도록 상황에 맞게 고안된 통로들이다. 진정한 불교의 가르침들은 형식과 적용에서 차이가 나나 결국 의도하는 바는 하나이다.

아미타경요해에서 우익 대사는 아미타불의 명호를 부르는 염불의 경이롭고 심지어 불가사의하기도 한 힘은 우리가 본래 일심과 연결되어 있음에서 비롯한다고 말하고 있다.

"지금 이 순간 우리 앞에 있는 무한한 빛과 무한한 생명의 마음과 분리된 아미타불의 명호가 없고, 아미타불의 명호를 떠나서 지금 이 순간 우리 앞에 있는 무한한 빛과 무한한 생명의 마음과 통할 수 있는 길이 없음을 깨달아야 한다. 나는 여러분들이 이 점을 깊이 생각하길 바란다!"

이렇듯 일심과의 연계성(連繫性)이 정토의 이념에 회의적인 사람들이 제기하는 전형적인 반론을 해결하는 열쇠이다.

"문 __ 만약 아미타불의 정토가 여기로부터 10만억 불토 떨어져 있다면, 우리가 그곳에 어떻게 즉시 태어날 수 있겠는가?"

"답 __ 기본적으로 마음의 진성(眞性) 밖에 아무 것도 없으므로 10만억 불토가 바로 지금 이 순간 우리 앞에 있는 마음의 진성 밖에 있는 것이 아니다. 본래 자신의 마음에 있는 부처님의 힘에 의지한다면, 극락정토에 즉시 왕생하는 일이 그렇게 어려울 게 있겠는가?"

우익 대사는 끊임없이 실제적인 문제들을 제기한다. 그 목적은 모든 곳에 존재하나 사람들이 보통 접근할 수 없는 일심과 통하게 하기 위함이다. 무엇이 효과적인가에 의해 수단이 정해진다.

"내적 진리의 수준에서 부처님의 명호를 부르는 것은 아미타불의 서방 극락정토가 우리 마음에 본래 있는 모습의 하나로서, 우리 마음의 산물임을 믿는 것이다. 그것이 의도하는 것은 우리 마음에 본래 있는, 또한 마음의 산물인 위대한 부처님의 명호를 마음을 집중하는 초점으로 이용하여 단 한 순간도 잊지 않도록 하는 것에 있다."

우익 대사는 바로 일심이 모든 것에 스며들어 있으므로 보통사람들도 정토에 이를 수 있다고 강조한다. 그는 아미타불의 명호를 부름으로써, "번거롭게 관상(觀想)이나 또는 참선에 의지함이 없이 매 순간 부처님과 합치하여 즉시 남음도 부족함도 없이 완전한 광명을 보게 된다. 최상근기의 중생이라도 이 수준을 초월할 수 없고, 또한 최하근기의 중생도 여기에 이를 수 있다. 물론 아미타불이 사람들에게 나타나는 방법이나 (근기가 다른) 사람들이 태어나는 정토의 수준은 같지 않다"라고 말한다.

다른 때에, 우익 대사는 한 걸음 더 나아가 일심이 드러나 서로 융통하는 세계의 얼개에서 아미타불의 정토가 나타나는 곳을 지적한다.

"왜 속세에서 목숨이 다할 때까지 염불한 뒤에 보물로 이루어진 정토의 연못에 태어나기를 기다려야 하는가? 우리가 해야 할 모든 것은 믿음과 서원을 내어 바로 지금 아미타불의 명호를 부르는 것이다. 그러면 우리가 태어날 정토의 연꽃 봉오리가 피고 금대(金臺)가 나타날 것이다. 그 순간 우리는 더 이상 이 속세의 주민이 아니다."

이 책을 통하여 우익 대사가 시급하다고 말하는 것은 사람들이 실제로 아미타불에 대한 믿음을 갖고, 정토에 태어나려고 발원하고, 그리고 부처님의 명호를 부르는 것이다.

"정토수행 외에 우리를 이 탁한 세계로부터 구출할 수 있는 다른 방법이 있다고 생각한다면, 우리는 불타는 집에서 공허한 말장난에 빠져 있는 것이다."

●

정토수행자들이 갖는 영구적인 의문 중의 하나는 수행자의 마음 상태가 부처님의 명호를 부르는 염불의 효험에 어떠한 영향을 주느냐 하는 것이다. 우익 대사는 믿음과 서원을 갖고 완전히 집중하여 외우는 것이 최적의 수행임을 강조한다. 또한 비록 산란한 마음으로 부처님 이름을 불러도 그것이 미래에 깨달음을 이룰 씨앗을 심는 것임을 상기시킨다. 그는 이 책에서 경고와 격려를 섞어 말한다. 다음 3개의 예를 보자.

"산란한 마음으로 염불하면 정토에 왕생함을 보장할 수 없다. 왜냐하면 산만하고 흐트러진 마음으로 한 선행은 시작도 없이 오랜 기간 쌓아 온 죄업의 적수가 되지 못하기 때문이다."

"(악업을 없애는) 유일한 길은 마음이 통일되어 산란하지 않을 때까지 부처님 명호를 부르는 염불이다. 그러면 마치 힘센 전사가 포위망을 뚫고 나오는 것과 같아 세 군대[三軍: 견사혹(見思惑), 진사혹(塵沙惑), 무명혹(無明惑) 등 삼혹(三惑). 역자주]도 그를 더 이상 가둘 수 없다. 부처님 명호를 부르는 것은 깨달음을 얻는 씨앗이 된다. 그것은 마치 부술 수 없는 금강석과 같다."

"비록 산란한 마음으로 부처님 명호를 불러도, 그 공덕과 선근은 헤아릴 수 없다. 하물며 혼란하지 않은 통일된 마음으로 부르면 그 공덕이 얼마나 크겠는가!"

항상 그러하듯이 '대답'은 그것이 적용되는 관점과 진리의 수준에 달려 있다.

한 수준에서 - 말하자면 관습적 실재, 즉 중생이자 불교 수행자인 우리 생활의 수준에서 - 우리는 경에서 약속했듯이, 부처님들의 보호와 염려를 받으려면 우리 마음이 통일되어 혼란하지 않을 때까지 부처님 이름을 불러야 한다.

다른 수준에서, 즉 절대적 실재와 일심의 수준에서 우익 대사는 다음과 같이 지적하였다.

"부처님들의 자비가 불가사의하고, 그 명호들의 공덕도 불가사의하다. 따라서 부처님 명호를 듣기만 해도, 주의를 기울이거나 아니거나, 믿거나 말거나, 그것은 항상 진리와 인연을 맺는 씨앗이 된다. 뿐만 아니라, 부처님이 중생을 제도할 때 친구와 적을 가리지 않고 꾸준히 모두를 제도하신다. 부처님 명호를 듣기만 하면, 틀림없이 보호해 주신다. 어찌 이것을 의심할 수 있겠는가?"

아마도 자신의 종교적 탐구의 우여곡절을 되돌아보고, 다가올 죽음을 바라보면서, 우익 대사는 죽음의 순간을 한 개인이 그의 정신적 과업에서 성취한 것을 평가하는 중요한 시험으로 본 것 같다. 그는 미혹의 습관과 애착의 힘이 아직 남아 있으면, 미래에 태어나 더 많은 고통을 받게 될 것이라고 경고한다. 마지막 시간을 위해, 우익 대사는 독자들에게 정신을 차리고 경의 메시지를 믿으라고 간곡히 타이른다.

"해탈을 위한 유일한 길은 믿음과 서원을 발하고, 부처님 명호를 불러 바깥에 충만한 부처님의 힘에 의지하여 우리 자신의 부처를 돕는 것이다. 아미타불의 자비로운 서원은 결코 공허한 약속이 아니다. 믿음과 서원을 발하고 부처님의 이름을 부르면, 죽을 때 아미타불과 성중이 나타나 우리를 인도할 것이다. 그렇게 함으로써 우리는 평정한 마음으로 정토에 자유롭게 왕생할 것이다."●

● | 정토불교의 힘과 보편성은 대단하다. 부처님의 명호를 부르는 정토불교의 주된 수행이 밀교나 선불교 같은 다른 교파에서도 발견될 정도이다. 부처님의 명호를 부르는 정토 수행의 직접적인 목적은 아미타불의 정토에 왕생하는 것이다. 밀교에서는 금생에 악업과 번뇌를 없애고 복과 지혜를 늘리기 위하여 부처님의 명호를 부른다. 선불교에서는 부처님의 명호를 부르는 공안의 목적이 미혹한 생각을 끊고 자성진심(自性眞心)을 깨닫는 데 있다. 물론 이 세 종파의 궁극적 목적은 동일하여 깨달음을 얻어 성불하는 데 있다.

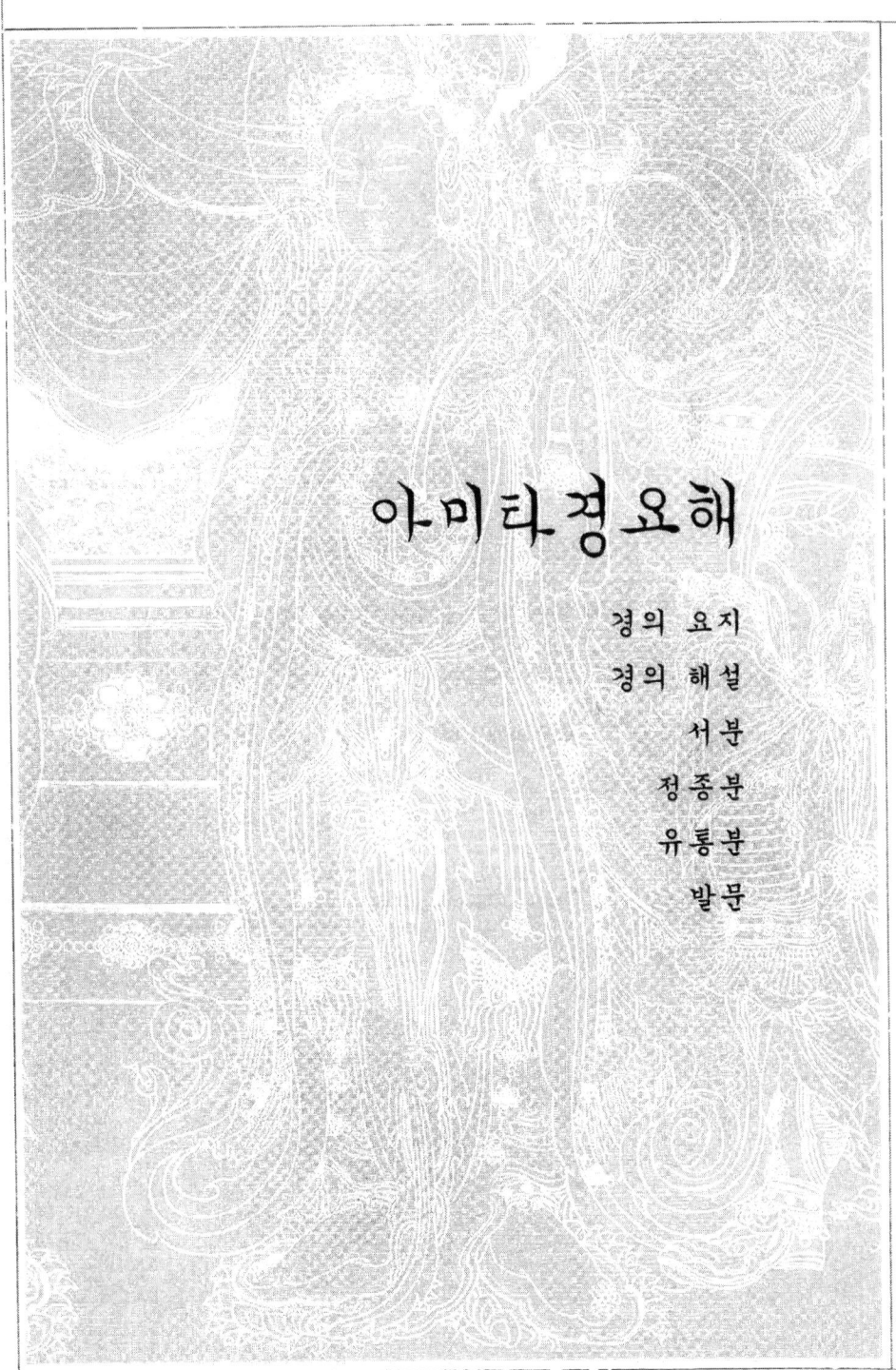

아미타경요해

경의 요지
경의 해설
　　서분
　　정종분
　　유통분
　　발문

믿음이 없이는 발원하기에 부족하다.

발원이 없이는 수행으로 이끌기에 부족하다.

부처님 이름을 부르는 묘한 수행 없이는 소원하는 것을 이루어 믿음의

결실을 보기에 부족하다.

경의 요지

부처님께서는 미혹한 중생들의 무리를 불쌍히 여겨 중생들을 교화하셨다. 참으로 다양한 근기에 따라 가르침을 베푸셨다. 비록 한 근원에서 나왔으되 부처님의 가르침에는 수없이 많은 갖가지 방편들이 있는 것이다.

이 모든 방편들 중에서 가장 직접적이고 가장 완전한 것을 찾는다면 염불(부처님 명호를 부르는 것)을 통하여 정토왕생을 구하는 것보다 나은 것이 없다. 또한 염불의 모든 방법 중에서 가장 간단하고 가장 믿을 만한 것을 찾는다면, 믿음과 서원을 내어 오로지 부처님 이름을 부르는 것이다. |❶

그렇기 때문에 비록 세 가지의 정토경전들이 전 세계에서 여러 세대를 거쳐 함께 유통되었지만 옛사람들은 유독 아미타경 공부를 일과로 삼았다. |❷ 아미타경은 부처님 명호를 부르는 방법이 상중하 모든 근기의 사람들에게 통용됨을 보여준다.

또한 현상[事]과 내적 진리[理]를 에워싸며, 아무 것도 버리지 않는다. 그뿐만 아니라 선과 교의 가르침을 품어 아무 것도 빠뜨리지 않는다. 아미타경에서 설하는 방법은 실로 불가사의하다. 말할 수 없이 위대하다!」❸

---

❶ | 발원의 중요성은 다음 이야기에서 볼 수 있다.
 어느 때 석가모니 부처님과 제자인 마하목건련이 많은 수행 대중과 함께 다른 나라 사람들에게 불법을 전하기 위해 길을 나섰다. 사람들이 부처님을 뵈었는데도 무시하면서 문을 닫아버렸다. 그러나 마하목건련을 보자마자 왕부터 대신, 국민들 모두 달려 나와 인사하면서 서로 공양하려고 하였다. 부처님의 제자들은 이 점에 대해 매우 부당하다고 생각했다. 제자들이 부처님께 여쭈었다.
 "세존이시여, 세존의 덕행이 아주 높음에도 불구하고, 왜 이들이 세존께 공양을 올리지 않고 그 대신 서로 다투어 마하목건련에게 공양하려고 합니까?"
 "그것은 과거의 인연 때문이다. 내가 이야기 해주마."라고 부처님께서 말씀하셨다.
 "무수한 겁 이전에 나와 마하목건련은 한 지방에서 같이 살았었다. 그는 산에서 땔나무를 모았고 나는 그 밑 오두막집에서 살았다. 한 떼의 벌들이 나를 괴롭혔다. 나는 연기를 피워 벌 떼를 몰아내려고 했다. 그러나 마하목건련은 벌들에 쏘여 손이 퉁퉁 붓고 아팠지만 벌떼를 쫓으려는 나

예로부터 여러 세대에 걸쳐, 많은 사람들이 아미타경을 해설하였다. 시간이 지나감에 따라 그 수많은 해설들이 잊혀 졌고 지금은 남아있는 것들이 매우 적다. 한 세대 전에 연지주굉(蓮池袾宏) 대사가 광대하고 미묘한 주해서(註解書)를 저술하였다. 그

를 도와주려고 하지 않았다. 그 대신 그는 다음과 같이 발원했다.

'벌이 되는 것은 비참한 일이다. 도를 얻으면 맹세코 맨 먼저 이 아수라 같은 벌들을 구해주리라.'

수많은 생이 지난 후 벌들이 이 나라의 국민으로 태어났다. 여왕벌은 왕이 되었고, 수벌들은 대신들이 되었고 일벌들은 국민이 되었다. 내가 벌들을 좋아하지 않았으므로 지금 이 나라의 국민들과 인연이 없다. 그래서 아무도 나에게 공양하려고 하지 않는다. 하지만 마하목건련은 예전에 벌들을 구해 주겠노라는 발원을 하였기 때문에 모든 국민들이 마하목건련을 존경하는 것이다."

부처님의 말씀에 의하면 우리 중생들은 모두 강한 집착을 갖고 있다. 우리의 몸과 소유물에 대해서는 더욱 그러하다. 죽을 때, 몸과 소유물을 잃게 되었을 때 우리의 의식은 이러한 뿌리 깊은 집착 때문에 다른 몸으로 환생하려고 덤빈다. 바로 이 분기점에서 발원, 특히 정토에 왕생하려는 발원이 결정적인 역할을 한다. 우리의 선업 또는 악업을 따르는 대신에 이러한 발원의 힘에 의하여 정토에 왕생할 수 있다.

리고 나의 스승인 유계(幽谿) 대사가 심오하고 박식한 원중초(圓中鈔)를 저술하였다. 이것들은 마치 해와 달과 같다. 눈 가진 사람들은 모두 다 이 책을 보아야 한다. 그러나 문장은 정교하고

---

❷ | 정토불교는 세 가지 경전에 근거한다.
① 아미타경 ② 무량수경 ③ 관무량수경을 정토삼부경이라 한다. 때로는 화엄경의 마지막 품(보현행원품)이 정토종의 네 번째 기본경전으로 간주되기도 한다. 유명한 Tai-hsu 대사와 다른 이들에 의하면 『무량수경』은 『묘법연화경』을 축약한 경이라고 한다.

❸ | D. T. Suzuki 박사의 정토불교의 적절성에 관한 견해를 들어보자.
Suzuki 박사는 보통 선(禪)을 서양에 전한 이로 유명하다. 그래서 그가 정토불교의 수많은 문헌을 영어로 번역하였으며, 선(禪)보다 정토불교가 서구인들에게 더 적합한 불교의 형태라는 믿음을 조성시킨 점에 대해 자주 듣는 것은 아주 놀라운 일이기도 하다. (John Snelling, The Buddhist Handbook, p. 216)
전 세계적으로 대다수의 불교도들은 믿음 또는 경배 등 헌신적인 형태의 수행을 한다. Suzuki 박사는 미국불교가 정토불교, 아미타불을 믿고 의지하며 극락세계에 태어나기 위하여 아미타불의 명호를 지극정성으로 외우는 믿음의 수행을 향하여 나아가야 한다고 확신하였다. 지금쯤은 원래 개인적인 깨달음을 추구하던 대부분의 서구인들이 헌신의 길을 선택한 것이 드러날지 모른다. (Ryushin Sarah Grayson in Butsumon, Fall 1989)

의미는 번잡하다. 그 궁극적 한계를 헤아릴 수 없다.

그래서 내가 비록 용렬하고 어리석지만 또 다른 주해로써 아미타경의 요지를 해설했다. 일부러 독창성을 강조하기 위하여 주굉 대사와 유계 대사에서 벗어나려고 하지도 않았으나, 그렇다고 단지 동의하기 위하여 억지로 그분들과 일치시키려고 하지도 않았다. 그분들의 주해를 보면 마치 높은 산봉우리들이 나를 에워싸는 것 같다. 비록 나의 주해가 정토 전통의 진실한 경지를 완전히 기술했다고는 할 수 없으나, 여러분 모두에게 나의 개인적 견해를 쉽게 전함은 틀림없는 사실이다.

아미타경의 문장을 해설할 때, 다섯 층의 깊은 의미가 있다.

첫째, 경의 이름(名)을 설명한다.
"이 경의 이름은 불설아미타경이다."
이 경은 경을 설하는 사람과 그 대상이 되는 사람으로부터 그 이름을 땄다.

부처님은 온 우주를 통틀어 가장 큰 스승이다. 이 세상에서 경을 설하시는 분은 석가모니 부처님이다. 그분은 대자비의 서원으로 오탁악세에 태어나셨다. 또한 이 세상에서 맨 처음 깨달은 분으로서 뒷날 깨달을 사람들을 깨닫게 하는 것이 석가모니 부처님의 임무이다. 부처님은 모든 것을 다 알고 다 보는 분이다.

부처님은 기쁜 마음으로 이 경을 설하신다. 부처님의 뜻은 중생을 제도하는 것이다. 중생이 깨달음을 얻을 기회가 무르익어서, 부처님이 이 믿기 어려운 정토법을 설하여 궁극적 해탈을 얻도록 하신다. 이렇기 때문에 그분은 기쁨에 차있다.

아미타불은 석가모니 부처님께서 이 경에서 설하시는 분으로 서방정토 극락세계의 주불(主佛)이요, 안내자이다. 그는 48서원의 힘으로, 자신의 이름을 부르며 염불 발원한 사람들을 받아들여 극락세계에 태어나도록 하고 그곳에서 결코 물러나지 않도록 한다. 산스크리트어 이름인 아미타불(Amitabha)은 '무한한 수명'과 '무한한 광명'을 의미한다. 가장 중요한 점은 그에 관한 모든 것이 무한하다는 것이다. 그의 공덕과 지혜, 신통력과 수행력, 몸과 환경, 설법과 중생제도가 모두 무한하다는 것이다.

경은 부처님의 황금 입에서 나온 가르침이다. |❹ 이러한 말

---

❹ | 대부분의 경전들은 부처님께서 설하신 것이지만, 간혹 보살들의 말씀이 경전으로 기록된 경우도 있다. 그 가운데 하나가 화엄경 제40품이다. 부처님께서 마지막에 단지 "Sadhu, sadhu(정말로 좋다, 정말로 좋다)"하며 인가하신다.

들이 모두 모여 불설아미타경의 이름을 이룬다. 경이 갖추어야 할 세 가지 범주인 가르침[敎], 수행[行]과 내적 진리[理]가 천태종에서 밝힌 대로 전반적인 의미에서 그리고 개별적인 의미에서 설명될 수 있다.

둘째, 경의 본체(體)를 분별한다.

모든 대승경전의 진정한 본체는 절대적 실재(실상)이다. 무엇이 절대적 실재인가? 중생의 청정한 마음이다. | ❺

마음은 안에 있지도 않고, 밖에 있지도 않고, 그 중간에 있지도 않다. 과거도 아니고, 현재도 아니고, 미래도 아니다. 푸르지도 않고, 누렇지도 않고, 붉지도 않고, 희지도 않고, 길지도 않고, 짧지도 않고, 모나지도 않고, 둥글지도 않다. 향기도 아니고, 맛도 아니고, 만져지는 것도 아니고, 생각할 수 있는 것도 아니다. 찾으면 얻을 수도 없지만, 그렇다고 없다고 할 수도 없다. 모든 세계와 국토를 만드나, 그렇다고 있다고 할 수도 없다. 모든 생각, 분별, 언어, 문자와 특징에서 떠나 있으나, 그렇다고 생각, 분별, 언어, 문자와 특징들이 이와는 분리된 별개의 자성을 갖는다고 할 수도 없다.

요컨대, 절대적 실재는 모든 특징을 떠나 있으나, 모든 현상과 하나이다. 모든 특징을 떠나 있으므로 모양이 없고, 모든 현상과 하나이므로 그들에게 모양을 준다. 할 수 없이 억지로 이름 지어, 그것을 '절대적 실재(마음, 실상, 불성)'라 부른다.

절대적 실재의 본체는 고요(寂)하지도 않고 비추(照)지도 않으나, 또한 고요하며 항상 비추고, 비추며 항상 고요하다. 비추면서 고요하므로, 항상 고요한 빛의 나라(常寂光土)라 부른다. 고

---

❺ | 이와 동일한 기본원리에 대한 Hsuan Hua 대사의 설명을 살펴보면 다음과 같다. 이 경전은 대승 경전이며 … 실상(實相)을 본체로 삼는다. 실상은 상이 없다(無相). 어떠한 상도 없고, 전혀 없으나, 또한 상 아닌 것도 없다. 무상이 진공(眞空)이고, 상 아닌 것이 없는 것이 묘유(妙有)이다. … 진여(眞如), 일진법계(一眞法界), 여래장성(如來藏性)이 모두 실상의 다른 이름들이다. (Hsuan Hua, A General Explanation of the Buddha Speaks of Amitabha Sutra[the Amitabha Sutra], p. 23)

중생과 환경이 다 마음이 '만들어 낸 것'이라는 가르침이 『화엄경』, 『수능엄경』, 『법화경』 등 여러 대승 경전에 설해졌고, 다음 게송(偈頌)들에 요약되어 있다.

> 만약 모든 시대 모든 부처님들을
> 완전히 이해하고자 바란다면
> 법계의 성품을 보아야 한다.
> 모든 것이 오직 마음에서 만들어졌다. (화엄경, 제20품)

요하나 비추므로 청정한 법의 몸(淸淨法身)이라 부른다. 비추며 고요한 것을 모든 부처들의 법의 몸인 법신(法身)이라 부르고, 고요하며 비추는 것을 보신(報身)이라 부른다.

(부처에게) 고요함과 비춤이 둘이 아니므로(寂照不二), 몸과 국토도 둘이 아니다(身土不二). 성품과 닦음이 둘이 아니므로(性修

> 하나의 바른 생각이
> 불국토를 만들고
> 하나의 삿된 생각이
> 아홉 계의 생사를 만든다.

이것은 무(無)로부터 무언가를 만든다는 뜻을 가진 만듦을 뜻하지 않는다. 실제로 세계는 우리의 의식 때문에 단지 그렇게 '존재하고', 우리가 세계 자체라고 생각하는 것은 우리의 경험과 그 바탕 위에 선 추측임을 의미한다. 이 교리에 의하면, 객관적 실재의 특성이라고 간주되는 개념으로 마음의 투영이며, 갖가지 종(種)이나 문명, 개인의 역사를 통하여 발전된 정신적 습성에 부합토록 여과되어 나타났다는 것이다. [Thomas Cleary, The Flower Ornament Scripture(the Avatamsaka Sutra), Vol. One, p. 23]

不二), 진리와 보응이 둘이 아니다(眞應不二)–모든 것이 절대적 실재 아닌 것이 없다. 실재[實]와 모습[相]은 둘이 아니지만, 둘 아님도 아니다.

따라서, 실재의 본체는 전체적으로 중생을 에워싸는 환경으로서 뿐만 아니라 그들의 몸으로서 작용한다. 부처님들의 법신으로서 그리고 보신으로서 작용한다. 또한 자신과 그리고 타인으로서 작용한다.

이리하여, 경을 설하는 사람과 설하는 것을 듣는 사람, 중생을 제도할 수 있는 부처와 제도되는 중생, 믿는 능력과 믿는 것, 발원하는 능력과 발원하는 것, 부처님 명호에 집중하는 능력과 집중의 대상이 되는 명호, 정토에 왕생하는 능력과 정토왕생 그 자체, 부처님을 찬양하는 능력과 찬양의 대상이 되는 부처님 – 이 모든 것이 절대적 실재의 '참 도장' 이 찍힌 것 아님이 없다. 다른 말로, 중생들의 진심(보리심)이 모든 대승경전들의 본체이다.

셋째, 지도원리[宗]를 설명한다.

지도 원리는 수행의 핵심적인 길이고, (우리 마음의) 본체를 이해하는 중요한 고리이고, 수많은 수행을 위한 지도 체제이다. 그물을 잡아들면 그물코가 열린다. 셔츠의 칼라를 들어 올리면 가슴과 소매도 따라 온다. 따라서 경의 본체를 설명한 후, 그 지도 원리를 분별해야 한다.

이 경에서 수행의 핵심 원리는 믿음과 서원을 내고 부처님 명호를 부르는 것이다. 믿음이 없이는 발원하기에 부족하다. 발원이 없이는 수행을 이끌기에 부족하다. 부처님 이름을 부르는 묘한 수행 없이는 소원을 이루어 믿음의 결실을 보기에 부족하다.

경은 처음에 정토의 청정한 환경과 그 곳에 사는 고귀한 사람들에 대해 설명함으로써 우리에게 믿음을 내도록 한다. 다음에 발원하도록 권하여 수행으로 인도한다. 그리고 물러남이 없는(不退轉) 지위에 직접 오를 수 있는 길로 부처님 명호를 부르는 수행을 가르친다.

믿음은 우리 자신과 남들(부처님과 보살들)을 믿는 것을 의미한다. 또 원인과 결과 그리고 현상과 내적 진리(본체)를 믿는 것을 의미한다.

발원은 사바세계를 싫어하여 그로부터 떠나는 것을 의미한다. 또 극락세계의 정토를 기쁘게 찾는 것을 의미한다.

수행은 혼란하지 않은 한 마음(一心不亂)으로 부처님 명호를 지속적으로 부르는 것을 의미한다.

[믿음] __ 우리 자신을 믿는 것은 진심(眞心)이 육체로 나타

난 것이 아님을 믿는 것이고, 인연에 의한 그림자가 아님을 믿는 것이고, 처음도 뒤도 없이 시간을 꿰뚫고, 아무런 한계도 없이 공간에 펴져 있음을 믿는 것을 말한다. 비록 하루 종일 인연을 따르나 결코 변하지 않는다.

시방의 모든 공간과 원자에 이르기까지 수없이 많은 모든 세계가 본래 우리들의 이 마음으로 만들어진 것들이다. 비록 미혹되어 마음이 혼란스러워도, 한 순간이라도 이 마음에 돌아오면, 틀림없이 우리 마음속에 본래 있는 극락정토에 태어나, 다시는 걱정과 의심으로 괴로워하지 않는다. 이것이 '우리 자신을 믿는 것'이라 한다.

남을 믿는 것은 석가모니 부처님께서 결코 거짓말하지 않았음을 믿고, 아미타 부처님의 발원이 결코 허망하지 않았음을 믿는 것을 의미한다. 모든 세상의 모든 부처님들이 결코 두 말(兩舌)을 하지 않았음을 믿고, 모든 부처님들의 진실한 가르침을 따르는 것을 의미한다. 모두가 정토에 태어나려는 뜻을 세우고, 다시는 미혹되어 의심하지 않음을 의미한다. 이것이 '남을 믿는 것'이라 한다.

원인을 믿는 것은 비록 산란한 마음으로 부처님 이름을 불러도 성불의 종자가 되는 것을 의미하고, 미혹되지 않고 일심으로 염불하면 더욱 그러함을 믿는 것을 말한다. (정성껏 일심으로 아미타불의 명호를 부른다면), 어찌 우리가 정토에 왕생하지 않을 수 있겠는가? 이것이 "원인을 믿는 것, 즉 명호를 부르는 것이 성불의 원인임을 믿는 것"이라 말한다.

결과를 믿는 것은 정토의 모든 수승한 대중들이 염불삼매(즉 부처님 명호를 부르는 것에 집중하는 명상)를 수행하였음을 깊이 믿는 것이다. 오이씨를 심으면 오이를 얻고, 콩씨를 심으면 콩을 얻는다. (결과가 따라오는 것은) 마치 그림자가 형체를 따르고, 메아리가 소리에 응하는 것과 같다. 씨를 뿌려 나지 않는 것은 결코 없다. 이것이 "결과를 믿는 것이다"라고 한다.

실제적 현상[事]을 믿는 것은 비록 우리 마음이 덧없기는 하지만 다함이 없으므로, 그 마음에 의지한 시방의 세계들도 다함이 없음을 깊이 믿는 것을 말한다. 10만억 불국토를 지나 지극히 청정하게 장엄된 극락정토가 실제로 존재함을 믿는 것이다. 이것은 장자(莊子)가 말한 우화가 아니다[장자의 『남화경(南華經)』에 이름이 혼돈(混沌)인 사람이 태어났는데 눈, 코, 귀, 입 등 일곱 구멍이 없었다. 사람들이 이를 불쌍히 생각하여 그 구멍들을 파 주어 일곱 구멍이 생겼으나 혼돈은 죽고 말았다. 이름은 있으나 사람이 없으므로 우화이다. 역자주]. 이것이 '실제적 현상을 믿는 것'이라 한다.

내적 진리[본체, 理]를 믿는 것은 10만억 불국토가 실제로 현재의 우리 마음 밖에 있지 않음을 깊이 믿는 것을 의미한다. 또 진실로 이 마음 밖에 아무것도 없으므로, 서방 정토의 모든 성중(聖衆)과 환경이 우리 마음에 나타나는 그림자들인 것이다. 모든 현상이 곧 내적 진리이고, 모든 허망한 것이 곧 참된 것이다. 모든 수행이 곧 진성(眞性)이다. 모든 남들이 곧 자기이다. 우리의 본래 마음이 두루 미치므로, 부처님의 마음 또한 두루 미치고, 중생심의 진성 또한 두루 미친다. 그것은 마치 한 방에 천 개의 등이 있는데, 각 등의 빛들이 서로 비치며 어떠한 장애도 없이 합해지는 것과도 같다. 이것을 '내적 진리(본체)를 믿는 것'이라 한다.

[발원] ─ 일단 이러한 믿음을 내었으면 사바세계가 곧 우리 마음이 일으키는 더러움임을 알고, 마땅히 이를 싫어하여 멀리해야 한다. 정토가 곧 우리 마음이 일으키는 청정함이므로 마땅히 이를 기쁘게 찾아야 한다. |❻ 더 버려야 할 것이 없을 때까지 더러움을 철저히 버려야 하고, 더 취해야 할 것이 없을

---

❻ | 이 개념의 깊이 있는 설명은 Pure Land Buddhism: Dialogues with Ancient Masters, Part Ⅰ, Patriarch Chih I, Question 10(T. T. Tam tr., Sutra Translation Committee of the United States and Canada, 1992)에 있다.

때까지, 청정함을 철저히 취해야 한다.

이러므로 묘종초(妙宗鈔)에서 말했다.

> 취하는 것과 버리는 것이 극단에 이르면, 취하지 않는 것과 버리지 않는 것과 같아져 다르지 않다. 만약 취하지도 않고 버리지도 않고, 단지 취하지 않고 버리지 않는 것만 숭상한다면, 곧 내적 진리[理]에만 매달려 현상[事]을 버리는 것이 된다. 현상을 버리면 내적 진리 역시 완전하지 않게 된다. 만약 모든 현상이 곧 내적 진리인 경지에 이르면, 취하는 것과 버리는 것이 모두 내적 진리에 부합한다. 한 번 취하고 한 번 버리는 것이 법계(法界) 아님이 없다.

【수행】 ⎯ 부처님 명호에 일심으로 집중한다는 것은 산란하지 않은 한 마음으로 부르는 것을 말한다. ❼ 부처님 명호가 부처님 공덕을 불러온다. 부처님 공덕이 불가사의하므로 부처님 명호 역시 불가사의하다. 명호가 불가사의하므로, 산란한 마음으로 불러도 깨달음의 씨앗이 된다.

부처님 명호를 한 마음으로 부르면 바로 깨달음을 향하여 물러남이 없는 지위에 오르게 된다.

　　많은 경들이 다양한 종류의 정토수행법을 가르친다. 즉, 부처님의 모습을 관조하거나(觀像), 부처님의 개념을 관조하거나(觀想), 예배하거나, 공양하거나, 다섯 가지 참회[五悔: 참회(懺悔), 권청(勸請), 수희(隨喜), 회향(廻向), 발원(發願). 역주]를 하거나, 여섯 가지 생각[六念: 염불(念佛), 염법(念法), 염승(念僧), 염천(念天), 염계(念戒), 염시(念施). 역주]을 하거나 등이다. 이들 어느 하나라도 철저히 행하여 완성하고 그 공덕을 회향하면 모두 정토에 왕생한다.

　　오직 부처님 명호를 부르는 방법이 모든 근기의 사람들을 다 포용하여 거두어 들이며, 또한 수행하기 가장 쉽고도 유일한 방법이다. 이런 까닭으로 자비로운 석가모니 부처님께서 질

---

❼ | 일심염불의 개념은 두 가지로 이해할 수 있다. 지의(智顗) 대사, 우익(藕益) 대사나 다른 천태, 선, 화엄종의 조사들은 일심염불을 정(定)과 삼매(三昧)와 같다고 하였다. 반면에 도작(道綽)과 선도(善尊) 같은 정토불교의 조사들은 일심염불에 대해 아미타불과 정토에 대한 절대적 믿음을 갖고 명호를 부르는 것이라고 하였다. 두 개념이 본질적으로 같다(정이나 삼매의 상태가 아니고는 절대적 믿음으로 명호를 부를 수 없다). 하지만 이와 같이 구별해 놓으면 초심자들이 아주 쉽고 편하게 이해할 수 있다.

문을 받지 않고 사리불에게 스스로 말씀하셨다. 부처님 명호를 부르는 것이 모든 방편 중 으뜸가는 방편이고, 모든 완전한 진리 중 최상의 완전한 진리이고, 모든 완벽한 가르침 중 가장 완벽한 가르침이라 할 수 있다.

"맑은 구슬을 탁한 물에 던지면 탁한 물이 맑아지지 않음이 없고, 부처님 명호를 산란한 마음에 던지면 산란한 마음이 부처되지 않음이 없다."라는 말이 있다. 믿음과 서원을 갖고 부처님 이름을 부르는 것이 일승(一乘: 중생이 성불할 수 있는 유일한 길. 역주)의 참된 원인이 된다. 네 종류의 정토[四種淨土: 범성동거토(凡聖同居土), 방편유여토(方便有餘土), 실보장엄토(實報莊嚴土), 상적광토(常寂光土). 역주]가 일승의 묘한 과실이 된다. 원인을 만들면 결과가 반드시 따라온다.

따라서, 믿음과 서원을 가지고 부처님 명호를 부르는 것이 아미타경의 바른 지도 원리가 된다.

네 종류 정토의 특징이 『묘종초(妙宗鈔)』와 『범망현의(梵網玄義)』에 상세히 기술되어 있으며 여기에서는 자세히 설명하지는 않겠다. 뒤에 본문을 해설하면서 간략하게 설명하겠다.

넷째, 경의 기능[力用]을 밝힌다.

이 경의 강력한 기능은 우리로 하여금 정토에 왕생하여 결코 물러남이 없게 한다. 정토왕생은 네 정토와 아홉 품[九品: 상상품(上上品), 상중품(上中品), 상하품(上下品), 중상품(中上品), 중중품(中中品), 중하품(中下品), 하상품(下上品), 하중품(下中品), 하하품(下下品). 역주]의 범주로 구분할 수 있다. 여기서 네 가지 정토의 특징을 간단히 설명하겠다.

　부처님 명호를 부르되 견혹[見惑: 불도를 수행하는 중에 사제(四諦)의 이치를 깨달음으로써 없어지는 번뇌. 역주]과 사혹[思惑: 탐(貪), 진(瞋), 치(癡) 등 선천적·감각적 번뇌. 역주]을 끊지 못하면 마음이 산란하고 집중된 정도에 따라 성인과 범부가 함께 사는 나라(凡聖同居土)에서 아홉 품으로 나뉘어 연꽃에 태어난다.

　부처님 명호를 불러 현상적 수준에서 일심불란(一心不亂)의 경지에 이르면 견혹과 사혹이 떨어져 나가 아라한과 벽지불이 사는 방편유여토(方便有餘土)에 태어난다.

　부처님 명호를 불러 본체 또는 내적 진리의 수준에서 일심불란에 이르러 첫 품(一品)에서 41품(品)까지의 무명(無明)을 깨뜨리면 보살이 사는 실보장엄토(實寶莊嚴土)에 태어난다.

　부처님 명호를 지녀 42품의 무명을 모두 깨뜨리면 부처님이 사는 최상의 실보장엄토인 상적광토(常寂光土)에 태어난다.

　아미타경은 다른 경과 논에서 볼 수 없는 이러한 강력한 기능을 지니고 있다. 아미타경의 강력한 기능을 깨달음을 얻을 때까지 수많은 생의 (물러나는 위험부담이 많은) 수행이 필요하다는 다른 (훨씬 비극적인) 가르침들과 같이 보아서는 안 된다. 어찌 선 수행자와 경전을 공부하는 수행자들이 이 점을 간과할 수 있을 것인가?

다섯째, 이 경에서 불교의 형태(敎相)를 설명한다.

이 경은 대승보살장(大乘菩薩藏)에 포함되어 있으며, 묻지 않았는데 부처님께서 스스로 설하신 경이다.

이 경은 말법(末法)시대의 업장이 많은 중생들로 하여금 물러남이 없이 직접 깨달음의 길에 오르도록 한다.

그러므로 미래에 모든 경들이 다 없어진다 해도, 오직 아미타경만이 100년간 남아 중생들을 널리 제도할 것이다.

아미타경은 모든 병을 고친다. 비교할 수 없이 고루 융통하고, 그 능력이 불가사의하다. 화엄경의 심오한 법장(法藏)과 법화경의 비밀한 골수(骨髓)와 모든 부처님의 심요(心要)와 보살 만행의 지남(指南)이 아미타경에서 나오지 않음이 없다. 널리 찬탄하여 말하고자 하면 시간이 다하도록 끝나지 않는다. 지혜로운 사람들은 스스로 이 경을 알아야 한다.

근본적으로 모든 부처님들은 법신으로서 가르침을 펴신다.

그들은 중생들이 진리와의 인연을 견고히 하여

깨달음의 씨앗을 강화할 수 있도록 이끈다.…

그들은 가르침의 방편을 드높여 광대한 중생들에게 편다.

그들은 중생들이 사는 고통의 바다 속에 들어가

자비로써 중생들이 고요한 빛(寂光)과 어울리도록 한다.

경의 해설

이 경은 세 부분으로 나누어진다. 첫째는 경을 소개하는 서분(序分)이고, 둘째는 경의 바른 지도 원리에 관한 정종분(正宗分)이고, 셋째는 경의 전파에 관한 유통분(流通分)이다. 이 세 부분들을 처음도 훌륭하고, 중간도 훌륭하고, 끝도 훌륭하다고 말한다. 서분은 마치 머리와 같아 눈, 귀와 코를 다 갖추고 있다. 정종분은 몸과 같아 모든 내장들을 다 갖추고 있다. 유통분은 손과 발과 같아 막힘없이 움직여 다닌다.

요컨대 서분이 경의 전반적 구조를 취급함에 반해, 유통분은 가르침을 베푸는 데 막힘이 없었음을 보여준다. 이 두 부분과 정종분과의 관계는 사소한 문제가 아니다. 후세 사람들이 이 점을 이해하지 못했다. 그들이 경을 읽을 때, 그 뜻과 이치를 조금 알아본 후 곧 정종분으로 들어가며, 서분과 유통분을 마치 공허한 문구로 취급한다. 만일 그렇다면 왜 경의 처음과 끝이 다 훌륭하다고 말할 것인가?

(아미타불의 정토 대신에) 왜 전 우주에 초점을 맞추지 않는가?

– 세 가지 이유가 있다. 즉 초심자가 보리심을 내기 쉽고,

아미타불의 근본 서원이 가장 강력하고

또 아미타불이 우리 세계의 중생과 특별한 인연이 있기 때문이다.

서분

아미타경의 서분은 먼저 경이 설해진 법회의 시간과 장소를 드러낸다. 그리고 참석한 대중에 대해 기술한다.

> 나는 이와 같이 들었다. 어느 때 부처님께서 사위국(舍衛國)의 기수급고독원(祇樹給孤獨園)에 계셨다.

이 부분은 정토수행법이 설해진 법회를 설명한다. 이것은 이 경을 기록한 부처님의 시자(侍者)인 아난다의 말이다
"나는 이와 같이 들었다"는 아난다가 우리의 스승인 석가모니 부처님으로부터 받은 가르침에 대해 믿음으로 순종함을 나타낸다. '어느 때'는 가르침이 주어진 시간을 나타낸다. '부처님'은 스승이다. 사위국(舍衛國)에 있는 '기수급고독원(祇樹給孤獨園)'은 부처님께서 이 경을 설한 장소이다.

마음의 본체[實相]는 예로부터 지금까지 변하지 않았다. 절대적 실재(마음)의 본체에 의지하여 부처님 이름을 부르고 정토왕생을 구하면 절대로 바른 길에서 벗어나지 않는다. 경에서 '나는 이와 같이 들었다'라고 시작할 때, 이것이 바른 가르침임을 보여준다.

절대적 실재는 자기(我)도 아니고 자기 아닌 것도 아니다(非無我). 아난다가 경을 외울 때 "나는 이와 같이 들었다"라고 말하면서 거짓 자기를 없애지 않았다. 그래서 그는 '나'라고 말하고 있다. 아난다의 귀가 듣는 의식[耳識]을 냈으므로, 그는 직접 이 경을 설하는 석가모니 부처님의 완벽한 음성을 들을 수 있었다.… 이것은 마치 공(空)으로써 공에 날인하는 것과 같다(如空印空). 아난다가 경을 '들었다'라는 것은 이것을 의미한다.

"어느 때 부처님께서 사위국에 계셨다"라고 경은 계속 이야기를 전개하고 있다. '어느 때'는 스승인 석가모니 부처님의 길과 제자인 대중들의 길이 함께 만나 설법과 들음이 완전하게 이루어짐을 의미한다.

'부처님'은 깨달음을 얻고, 다른 사람들을 깨닫게 하고, 그 깨달음의 실행이 완전하여(覺行圓滿) 사람(人)과 하늘사람(天)의 위대한 스승이 되는 분을 뜻한다.

설법 장소인 '사위(舍衛)'는 산스크리트어로 '사물을 듣는

다'라는 뜻을 가지고 있다. 이 말은 인도에 있는 한 왕국의 이름이자 그 수도의 이름인데, 석가모니 부처님께서 활동하실 무렵 사위국의 왕은 파사익(波斯匿)이다. 그는 불교를 믿고 전법하는 데 큰 힘을 쏟은 사람으로 불교사에서 매우 중요한 인물이다. 그의 왕세자의 이름은 기타(祇陀)였다. '전쟁에서 승리함'을 의미한다. 그의 촉망받는 신하였던 수달다(須達多)는 '과부와 고아들을 돕는 사람'을 의미하는 급고독장자(給孤獨長子)로 불리기도 했다. 수달다는 기타 태자의 정원을 금을 주고 사서 부처님과 그 제자들에게 바쳤다. 기타 태자는 이에 무척 감동하여, 그 땅에 있는 나무들을 바쳤다. 이리하여 (부처님이 경을 설한 장소에 대하여) '기타와 수달다의 정원'을 의미하는 '기수급고독원(祇樹給孤獨園)'이라는 이중 이름이 생겼다. ❽

다음에 경은 부처님의 법회에 참석한 대중들에 대해 기술한다. 대중들은 크게 세 가지 그룹이 있었는데, 첫째가 비구(아라한)들이고, 둘째는 보살들이고, 셋째는 사람과 하늘사람들이다.

왜 비구를 처음에 두는가? 이들은 세간의 모습에서 떠났고, 항상 부처님을 수행하고, 그리고 불법의 전파가 이들에게 달려 있기 때문이다.

왜 보살을 가운데에 두는가? 이들의 모습이 정해지지 않았고, 항상 부처님을 수행하는 것이 아니고, 또 중도의 뜻을 나타내기 위해서이다.

왜 사람과 하늘사람들을 마지막에 두는가? 이들은 세간의 모습을 지니고, 범부와 성인들이 섞여 있고, 밖에서 불교를 지원하고 보호하는 역할을 하기 때문이다.

---

❽ 기수급고독원(祇樹給孤獨園)

부처님께서 법을 펴실 당시, 사위국(舍衛國, Śravasti)에 수달다 장자(須達多 長者, Sudatta)라는 부유한 상인이 있었다. 그는 평소 자비심이 많아 불쌍한 사람들을 동정하고 잘 돕는 까닭에 '아나타핀디카(Anathapindika)' 또는 과부와 고아를 돕는 사람이라는 의미로 '급고독장자(給孤獨長者)'라는 별명을 가졌다. 수달다 장자는 부처님을 처음 뵙고 깊은 믿음을 내었다. 부처님께 자신의 고향인 사위국에 오셔서 법을 설해달라고 청하였다. 부처님을 사위국에 초청한 후, 수달다 장자는 세존과 1,250명의 스님들을 위한 적당한 장소를 찾고 있었다.

바사익왕(波斯匿王, Prasenajit)의 아들인 기타 태자(祇陀 太子, Jeta)의 풀이 많고 잎이 우거진 나무가 많은 정원이 부처님과 스님들을 모시고 법회를 열기에 아주 좋은 장소라는 생각이 들었다. 수달다 장자는 기타 태자에게 그 정원을 팔라고 부탁했다. 태자는 팔고 싶은 생각이 없어 농담으로 말했다. "당신이 금으로 덮을 수 있는 만큼의 땅을 팔겠소." 수달다 장자가 잠시 침묵하자 태자가 웃으며 말했다. "너무 비싼가 보군요, 그렇죠?" 수 비구를 기술할 때 세 가지 측면이 있다. 첫째, 그들의 무리와 수에 대한 설명, 둘째, 그들의 높은 지위와 공덕에 대한 찬양, 그리고 셋째로 그들 중 가장 앞선 사람들의 명단이다. 경은 계속 읽어 나간다.

달다 장자가 대답하였다. "천만에요, 단지 어느 창고에서 금을 꺼낼 가를 생각하고 있었답니다."

그리고, 태자가 놀라워하며 바라보는 가운데, 황소가 끄는 수레들이 줄을 이어 정원에 도착하였다. 일꾼들이 모든 방향으로 황금의 융단을 땅 위에 깔기 시작했다. 금으로 덮을 수 없는 땅은 오직 나무가 서있는 부분이었다. 이러한 모습을 본 기타 태자는 수달다 장자가 황금으로 정원을 덮을 정도로 존경하는 분이라면 부처님이 대단히 특별한 분일 거라고 생각하였다. 그리고 나무가 있는 부분의 땅을 기증하기로 결심하였다. 기타 태자와 급고독 장자, 이 두 명의 기증자에게 경의를 표하는 뜻에서 그 정원은 기수급고독원으로 불려졌다.

이곳에서 부처님께서는 19번의 우기(雨期)를 보내셨다. 부처님께서는 이 도량에서 대부분의 생애를 보내시면서 많은 설법을 하셨다. (Narada Maha Thera, The Buddha and His Teachings, pp. 93~94)

불교 문헌에서 아나타핀디카는 욕심 없이 법을 위한 지극히 관대한 행위(사찰을 세우고, 경전과 주해를 인쇄하는 등)의 동의어로 쓰인다.

그 곳에서 그분은 천이백오십 명의 대 비구들과 함께 계셨다.

'비구'는 산스크리트어로 세 가지 의미가 있다.

첫째, '비구'는 자기 소유로 단지 하나의 발우를 갖고 아무 것도 모으지 않으며, 생활에 필요한 물건들을 전적으로 동냥에 의지하는 거지를 의미한다.

둘째, '비구'는 번뇌의 악을 쳐부수고 애견(愛見: 애(愛)와 견(見). 애는 개개의 사물에 애착하여 깨달음에 이르는 길을 방해하는 정의적(情意的) 번뇌. 견은 잘못된 견해에 사로잡혀 깨달음에 이르는 길을 방해하는 이지적(理智的) 번뇌. 역주]에 떨어지지 않는 사람을 의미한다.

셋째, '비구'는 250계를 받고 세속적인 관심들을 버린 사람을 의미한다. 그가 악마를 놀라게 한다고 말한다.

'승가(僧伽)'라는 승려집단 전체를 나타내는 단어는 화합하는 대중(和合衆)을 의미한다. 내적인 진리의 수준에서 보면 화합은 초월적 해탈의 진리에 대한 깨달음을 공유하는 것을 의미한다. 현상의 수준에서 보면, 화합은 말로 다투지 않고, 뜻이 같아 기뻐하며, 견해가 같아 이해하고, 계를 같이 지키고, 물질적 이익을 똑같이 나누면서 함께 사는 것을 의미한다.

아미타경에서는 1,250의 비구들에 대해 말하고 있다. 가섭(迦葉) 3형제가 모두 천 명의 제자들을 거느렸고, 사리불(舍利弗)과 목건련(目犍連)이 2백 명의 제자, 그리고 야사(耶舍)가 50명의 제자들을 거느렸다. 이 사람들은 모두 부처님이 깨달은 직후 제자가 되어 부처님의 은혜에 깊이 감사하고 가는 곳마다 따라다녔다.

아미타경은 계속해서 설한다

> 그들은 모두 다 세상사람 들이 잘 알고 있는 큰 아라한 들이었다.

아라한(阿羅漢)이라는 단어도 또한 세 가지 의미를 가지고 있다. 첫째, (비구일 때) 걸인이었기 때문에 공양을 받을 자격이 있는 사람(應供)을 의미한다. 둘째, 번뇌를 쳐부수었기 때문에 적을 죽인 사람(殺敵)을 의미한다. 셋째, 더 이상 생사에 구속되지 않은 사람(無生)을 의미하는데, 지혜가 있어 해탈한 사람, 그리고 의심으로부터 해탈한 사람을 의미하기도 한다.

이 모든 큰 아라한들은 본래 법신대사(法身大士), 즉 큰 보살들이나 방편으로 비구의 모습을 취한다. 이들은 정토법의 불가사의한 진실을 깨달았으므로 '크다'고 부른다. 이들은 부처님이 진리의 바퀴(法輪)를 돌릴 때 수행하여 모든 사람과 하늘을 이롭게 하였으므로 "세상 사람들이 잘 알고 있다"라고 한다.

이제 아미타경은 아라한의 지도자들에 대해 언급하고 있다.

그 중에는 장로 사리불(舍利弗), 마하목건련(摩訶目犍連), 마하가섭(摩訶迦葉), 마하가전연(摩訶迦旃延), 마하구치라(摩訶拘絺羅), 리바다(離婆多), 주리반타가(周利槃陀伽), 난다(難陀), 아난다(阿難陀), 라후라(羅睺羅), 교범바제(憍梵波提), 빈두로파라다(賓頭盧頗羅墮), 가루다이(迦留陀夷), 마하겁빈나(摩訶劫賓那), 박구라(縛拘羅)와 아누루다(阿㝹樓馱) 같은 큰 제자들도 있었다.

'장로(長老)'는 덕이 높고 오랫동안 수행한 스님을 존경하여 부르는 말이다. 부처님의 아라한 제자 중에서, 사리불(舍利弗) 존자(尊者)는 지혜가 제일 뛰어났고, 마하목건련(摩訶目犍連) 존자는 신통이 가장 으뜸인 분이었다.

마하가섭(摩訶迦葉) 존자의 몸은 황금빛으로 빛났다. 그는 부처님의 심인(心印: 글이나 말에 의하지 않고 이심전심으로 전해지는 부처님의 내적 깨달음의 내용. 역주)을 전했고, 선종의 첫째 조사가 되었다. 그는 금욕수행[頭陀行]에서 가장 뛰어났다.

마하가전연(摩訶迦旃延) 존자는 브라만 출신이었고, 토론을 제일 잘했다.

마하구치라(摩訶拘絺羅) 존자는 질문과 대답에 가장 뛰어났다.

리바다(離婆多) 존자는 틀리지 않고 어지럽지 않은 데에서 제일이었다.

주리반타가(周利槃陀伽) 존자는 천성이 우둔하였으나, 단 두 마디 가르침(깨끗이 쓸어라, 즉 마음을 깨끗하게 쓸어라)을 기억함으로써 말재주가 무한해지고, 실상의 진리를 받드는 데 가장 뛰어난 부처님의 제자가 되었다.

난다(難陀) 존자는 부처님의 친동생으로서 몸가짐에서 제일이었다.

아난다(阿難陀) 존자는 부처님의 사촌동생으로서 부처님을 가장 오래 동안 옆에서 모신 시자(侍者)였다. 가장 박식했고, 부처님의 말씀을 가장 많이 들어 다문제일(多聞第一)로 불린다. 탁월한 기억력으로 부처님께서 열반하신 뒤 1차 결집 때 부처님의 말씀을 기억해 냄으로써 부처님의 정법을 계승케 하였다.

라후라(羅睺羅) 존자는 부처님의 아들이다. 카필라 국의 후계자였으나 부처님을 뵙고 나서 출가수행의 길을 걸었다. 어린 나이에 출가한 불교계 최초의 사미다. 그는 남의 눈에 띄지 않게 수행[密行]하는 데에서 제일이라고 칭송받았다.

교범바제(憍梵波提) 존자는 전생에 남에게 악한 말을 한 죄를 받아 소처럼 코를 씨근거리며 말했다. 하늘사람에게 공양 받는 데 그보다 나은 이가 없었다.

빈두로파라다(賓頭盧頗羅墮) 존자는 신통을 부리지 말라는 규칙을 어겼다. 부처님께서 이를 꾸짖고 이 세상에 오래 머물며 중생을 돌보도록 명하셨다. 그는 제일가는 중생의 복전(福田)이 되었다.

가루다이(迦留陀夷) 존자는 부처님의 사자(使者)였고, 교화에서 으뜸가는 이였다.

마하겁빈나(摩訶劫賓那) 존자는 천문학 지식에서 그를 따를 자가 없었다.

박구라(縛拘羅) 존자는 부처님의 제자 중에서 가장 오래 살았다.

아누루다(阿㝹樓馱) 존자는 부처님의 또 다른 사촌동생이다. 천안통(天眼通)을 얻어 천안제일로 칭송받았다.

부처님을 항상 따라다니던 여러 분의 제자들은 본래 법신에 속하는 보살들이다. 불법을 전파하기 위하여 부처님의 성문 제자로서 나타난 것이다.

이제 이들은 모든 것을 다 포함하는 정토불교의 공덕을 듣고, 최상의 진리의 혜택을 입게 되었다. 자신의 일생을 불도(佛道)의 증진을 위해 바치면서 불국토를 정화한 분들이다. 그래서 이분들을 이 경우에 합당한 청중이라 말한다.

이제 경은 이 법회의 보살들에 대해 말한다.

> 또한 보살마하살인 문수사리법왕자(文殊師利法王子), 아일다보살(阿逸多菩薩), 건다하제보살(乾陀訶提菩薩), 상정진보살(常精進菩薩)과 여러 큰 보살들도 있었다.

'보살마하살(菩薩摩訶薩)'은 산스크리트어로 큰 보살을 말하며, 큰 보리심을 내어 자비와 지혜로 자기와 남을 같이 이롭게 하는 중생이다. |❾

부처님은 법왕(法王)이시나, 문수사리(文殊師利)는 지혜를 가르치는 일을 지속하였기 때문에 법왕자(法王子)로, 보살 중에서 지혜제일로 불린다. 두려움을 모르는 참 지혜가 없이는 정토불

---

❾ | 보리심:깨달음의 정신, 그것을 얻으려는 열망, 깨달은 마음에는 두 가지 평행한 측면이 있다. ① 부처를 이루겠다는 결의와 ② 모든 중생을 제도하겠다는 열망이다. 보리심이 개발되지 않은 정토 수행자에게는 다른 사람들을 구하려는 생각이 없이 자신만의 해탈을 추구하려는 위험한 측면이 있다. 이 사람은 훌륭한 인간으로 태어나거나 천계에 환생할지 모르지만, 아미타불의 정토와 같은 불국토에는 태어날 수 없다.

교를 진정으로 믿을 수 없다. 그래서 문수사리를 아미타경을 듣는 보살대중 가운데 맨 처음에 놓은 것이다.

아일다보살(阿逸多菩薩)은 미륵이다. 미래에 그는 부처가 되겠지만, 현재는 등각(等覺)의 지위에 있다.

다음에 경은 건다하제보살(乾陀訶提菩薩)과 상정진보살(常精進菩薩)을 든다. 이들은 오랜 기간 동안 쉬지 않고 수행에 정진하였고, 지칠 줄 모르고 자기와 남들을 이롭게 하였기 때문이다.

> 높은 지위에 있는 이 보살들은 모두 항상 부처님을 보고, 그 법문을 듣고, 직접 승가에 공양하여 빨리 보리를 완성하고 최상의 깨달음을 얻도록 정토왕생을 구해야 한다.
>
> (화엄경 40품 보현보살의 서원)

또한 석제환인(釋提桓因)과 무수한 하늘사람들이 함께 그 자리에 모였다.

'석제(釋提)'는 '군주가 될 수 있는 존재[인드라(INDRA)로 부르기도 한다]'를 의미하며, 석제환인(釋提桓因)은 제 33천인 도리천(忉利天)의 왕이다. 그 아래 4천왕(四天王)의 하늘들이 있다. 그 위로 야마천(夜摩天), 도솔천(兜率天), 화락천(化樂天), 타화천(他化

天), 색계천(色界天), 무색계천(無色界天)과 그리고 무수히 많은 다른 하늘들이 있다.

"무수한 하늘사람들이 함께 그 자리에 모였다"는 구절은 시방 모든 세계들의 다른 하늘사람, 아수라와 인비인(人非人) 들이 (부처님이 아미타경을 설하시는 것을 들으려고) 참석하였고, 모두가 정토법문의 혜택을 입을 잠재력이 있음을 의미한다.

이렇게 경의 전반적인 소개는 끝나고, 다음에 개별적인 소개가 시작한다.

정토의 미묘한 문은 불가사의하여, 아무도 물어볼 수 없으므로 부처님 스스로 그 이름을 찬양하면서 시작하였다. 더욱이, 부처님은 중생들의 근기를 정확히 판단하므로, 이 많은 대중이 정토의 미묘한 문을 들으면 많은 혜택을 입을 수 있음을 알았다. 따라서 부처님은 질문을 기다리지 않고 스스로 설하기 시작하였다.

> 그때 부처님께서 장로 사리불에게 말씀하셨다. "여기에서 서쪽으로 십만 억 불국토를 지나면 극락(極樂)이라고 하는 세계가 있다. 그 국토에 아미타불이 계시어 지금도 법을 설하신다."

정토불교는 사람들을 그 근기가 낮든, 중간이든, 높든 모두 끌어들인다. 절대적으로 원만히 융통한다[圓融]. 불가사의하다. 완벽하게 모든 것을 포함하고, 모든 다른 불교의 방편들을 완전히 초월한다. 너무나 심오하다. 믿기 어렵다. 그래서 특별히 큰 지혜를 가진 사람들에게 설해졌다. 최상의 지혜가 없이는 바로 정토의 가르침을 의심하지 않는 지위에 이를 수 없기 때문이다.|❿

'서쪽'은 정토가 나타나는 곳을 표시한다. 한 '불국토'는 한 부처님이 교화하는 삼천대천세계(三千大千世界)를 의미한다. 우리 세계로 말하자면, 가운데 수미산(須彌山)이 있고, 동서남북으로 네 개의 대륙이 있어 같은 태양과 달이 비추고, 원형의 철로

---

❿ | 유심정토를 진실로 존중하는 경지에 이른 사람들은 법성신(法性身)을 성취하여 언제나 모든 상황에서 자유롭고 편안함을 알아야 한다. 그렇게 되면 사바세계에 있든 극락정토에 있든 유심 상태의 '정토'에 있으며, 해탈의 상태에 있다. 그렇지 않다면, 정토의 신비와 고상함에 대하여 끝없이 말한다 해도 '중음(中陰)단계'의 혼란과 미혹에서 벗어나지 못하고 생사의 윤회에 떨어진다.(T.T.Tam, Buddhism of Wisdom and Faith, sect, 27, p. 114)

된 산(鐵圍山)이 이를 둘러싸 이것이 한 세계를 이룬다. 천 개의 이러한 세계가 한 소천세계(小千世界)를 이루고, 천 개의 소천세계가 한 중천세계(中千世界)를 이루고, 천 개의 중천세계가 한 대천세계(大千世界)를 이룬다. 이러한 십만 억 불국토의 서쪽에 극락세계가 있다.

문 __ 왜 극락세계가 서쪽에 있는가?

답 __ 이것은 좋은 질문이 아니다. 만약 극락세계가 동쪽에 있다면, 왜 동쪽에 있느냐고 물을 것이다. 이것은 단지 말장난이 아닌가? 더군다나, 십일만억 불국토에서 극락세계를 바라본다면, 극락세계는 동쪽에 있다. 의심하는 것이 무슨 가치가 있단 말인가?

"극락이라 하는 세계가 있다." 이 말은 우리에게 아미타불의 환경, 그 나라의 이름을 소개한다. 시간의 차원에서, 그 세계의 시간은 과거, 현재, 그리고 미래로 구별한다. 공간의 차원에서, 그 세계의 경계는 10개의 방향(동서남북의 네 기본방향과 그 중간의 네 방향 그리고 상과 하)으로 정해진다.

극락세계의 산스크리트 이름은 '수카바티(Sukhavati)'이다. 이것은 또한 안양(安養), 안락(安樂), 청태(淸泰), 그리고 그 외의 몇 개의 다른 이름으로 불리기도 한다. 기본적으로 정토가 지극히 평화롭고, 안전하고, 모든 형태의 고통과 괴로움으로부터 완전히 떠나 있음을 의미한다. 이 점은 다음에 자세히 설명할 것이다.

네 종류의 정토[四種淨土]가 있으며, 각 정토는 각기 맑음과 더러움에 따라 다시 나누어진다.

부처님은 세 몸(三身: 법신, 보신, 응신)을 가지며, 단수와 복수로 설명한다.

경에서 "극락세계가 있다." 그리고 "아미타불이 계신다"라고 설할 때, 이것은 그 세계와 그 부처님이 실제로 존재함을 말한다. |❶ 여기에는 네 가지 의미가 있다.

(1) 실제로 정토가 있고, 그것을 찾는 것은 기쁜 일이다.

(2) 정토에 집중하도록 진실한 말로 가리킨다.

(3) 정토는 상상적인 허구나 신기루가 아니고, 문자 그대로 믿어서는 안 될 가르침이 아니고, 공허한 거짓이 아니고, 소승의 방법으로 도달할 수 있는 나라가 아니다. |❷

(4) 정토는 우리 진성(眞性)의 한 부분으로 그것을 깊이 실감하여 실상(마음)의 진리를 깨닫게 한다.

"부처님께서 설법을 하신다."는 경의 말씀만으로도 정토와 아미타불이 존재함을 보여 준다. – 이것은 "과거는 이미 지나갔고, 미래는 아직 이루어지지 않았다"는 경우가 아니다. 우리는 정토에 왕생하여 아미타불의 설법을 직접 듣고 빨리 진정한 깨달음을 얻도록 발원해야 한다.

정토와 아미타불이 현재 여기에 있다는 사실은 우리를 격려하여 믿음을 갖도록 한다. 아미타불의 나라가 극락으로 불린다는 사실은 우리를 격려하여 정토왕생을 발원토록 한다. 정토의 부처님 명호가 아미타불인 것은 우리를 격려하여 아미타불의

---

⑪ | 정토인 극락은 물론 궁극적으로 마음이 만든 것이다. 하지만, 미혹과 집착에 얽매여 끊임없이 자기와 남, 내 것과 남의 것을 구분하는 인간들에겐 그것 또한 실재이다. - 마치 꿈같이 사라지는 이 세계가 실재인 것처럼. 다음 두 선승의 문답을 보자.

    제자: 스님, 정토가 실재합니까?
    스승: 이 세계가 실재하느냐?
    제자: 물론 실재합니다. 스님.
    스승: 만약 이 세계가 실재한다면, 정토는 더욱 더 그러하다.

⑫ | 소승: 소승불교에는 대체로 대승불교에 나오는 수많은 부처님과 성인들, 특히 아미타불과 극락정토의 성인들에 대한 언급이 없다는 점에 대해 깊이 숙고해야 할 것이다.

명호를 부르는 불가사의한 수행을 하도록 이끈다. 경의 말씀은 간결하나, 그 의미는 매우 심오하다.

이와 같이 경의 서분에 대한 주해는 끝난다.

추가주해 ㅡ 현 시대 베트남의 To Lien 법사는 다음과 같이 말한다. "우주의 만물이 서로 다르게 나타나는 관점에서 볼 때, 아미타불의 정토는 실로 십만억 불토를 지나서 존재한다. 그러나 유심정토의 견지에서 볼 때, 십만억불토는 우리 마음의 좁은 한계 밖에 있는 것이 아니다. 만약 우리가 일심으로 부처님 명호를 부르면, 정토는 부를 때마다 나타난다. – 정토는 지금 이곳에 있다."

부처님의 명호를 산란하지 않고 일심으로 부르면

그 명호로 불성의 덕성들을 불러내게 된다.

불성의 덕성들이 불가사의하므로 부처님 명호 또한 불가사의하다.

부처님 명호의 공덕이 불가사의하므로

산란한 마음으로 부른다 할지라도 깨달음의 씨앗이 되어

물러나지 않고 깨달음의 길에 나아가게 된다.

정종분

경의 정종분(正宗分)은 세 부분으로 나누어진다. 첫째, 우리의 믿음을 일으키기 위하여 정토와 아미타불의 불가사의함에 대해 상세히 기술한다. 둘째, 중생들이 정토왕생을 발원토록 설득하는 것을 특별히 강조한다. 셋째, 정토수행자들에게 부처님 명호를 부르는 수행을 하도록 가르친다.

경 전체의 핵심 메시지는 사람들로 하여금 믿음과 발원을 내어 부처님 명호를 부르도록 권유하는 것이다. 발원과 믿음은 지혜의 행위이고, 부처님 명호를 부르는 것은 실행의 행위이다. 정토에 왕생하는 것은 전적으로 우리가 믿음과 발원을 내느냐 안 내느냐에 달려 있다. 정토왕생의 품위는 전적으로 우리가 얼마나 깊이 부처님 명호를 부르냐에 달려 있다. 이리하여, 지혜의 행위가 인도하고, 실행의 행위가 진정한 수행이 된다. 이들은 눈과 다리처럼 함께 간다.

정토에 대한 믿음

정종분의 첫 부분에는 두 개의 단락이 있다. 첫째 단락은 정토의 불가사의함을 기술하고, 둘째 단락은 아미타불의 불가사의함을 기술한다.

정토의 불가사의

이제 첫째 단락을 보자. 부처님께서 사리불에게 묻는다.

> 사리불이여, 그 나라를 왜 극락이라고 하는가?

다음에 두 부분으로 된 설명이 뒤따른다. 즉 정토에서 사는 사람들에 대한 설명과 그들이 누리는 혜택에 대한 설명이다.

> 그 나라 중생들은 아무 괴로움이 없고 즐거운 일만 있으므로 극락이라고 한다.

여기서 중생들은 정토의 혜택을 입은 사람들이다. 모든 중생들은 본래 깨달음의 씨앗(佛性)을 지니고 있다고 할 수 있다.

그러나 우리는 보통사람들의 언어로 말할 수밖에 없다. 또한 최하의 사람들이 알아들을 수 있는 내용을 통해 최상의 사람들을 나타낸다.

우리가 사는 이 세속적 세계는 '사바(Saha:참고 견딤)'라고 한다. 사바라는 말에서도 느낄 수 있듯 이 세상은 참고 견뎌야 할 고통이 많다. 물론 즐거움도 섞여 있지만 나고 늙고 병들고 죽는 생로병사처럼 근본적인 고통이 있다.

괴로움을 당할 때는 몸과 마음이 괴로우므로 고통을 느낀다(苦苦). 즐거울 때에도, 그 즐거움이 오래 지속하지 않으므로 곧 무너지는 고통을 느낀다(壞苦). 고통스럽거나 즐겁지 않을 때에는 모든 것이 본래 덧없으므로 변해가는 고통을 느낀다(行苦).

정토는 이 세 가지 종류의 고통으로부터 영원히 분리되어 있다. 정토에서의 즐거움은 단지 고통에 상대적인 우리 세상의 즐거움과는 같지 않으므로 지극한 즐거움(極樂)이라 불린다.

다음에 부처님께서는 아미타불의 극락세계의 아름다운 환경과 중생이 경험하는 것에 대해 설명한다.

또 사리불이여, 극락세계는 일곱 겹의 난간과 일곱 겹의 그물과 일곱 겹의 가로수로 둘러싸여 있는데, 다 금(金), 은(銀), 유리(瑠璃: 야청빛이 나는 보석. 역주), 파리(玻

璨: 수정. 역주)의 네 가지 보석들로 이루어져 있다. 그래서 그 세계를 극락세계라 한다.

일곱 숫자는 37조도품(助道品: 깨달음을 얻기 위하여 수행하는 37가지 방법. 역주)의 7범주[사념처(四念處), 사정근(四正勤), 사신족(四神足), 오근(五根), 오력(五力), 칠각지(七覺支), 팔정도(八正道)]를 나타낸다. 네 가지 보석들은 깨달음의 네 가지 덕성 즉, 상(常)·락(樂)·아(我)·정(淨)을 나타낸다.

'둘러싸여 있다'라는 단어는 무수한 부처님과 보살들이 살고 있음을 나타낸다. 또한 주위 환경이 모두 네 가지 보석들로 이루어져 있음은 정토의 중생들이 스스로 깊은 공덕을 지니고 있음을 가리키고, 이 보석들로 이루어진 것들이 그들을 둘러싸고 있음은 극락정토 곳곳마다 성현들이 있음을 나타낸다.

추가주해 __ Hsuan Hua 법사가 말하기를, "난간은 (악을 금하고 과오를 막는) 계(戒)를 나타내고, 그물은 (진정한 집중으로 들어가거나 또는 그로부터 나오지 않으나 항상 집중하고 있으므로) 정(定)을 나타내고, 가로수는 (지혜가 있으면 크다고 말하므로) 혜(慧)를 나타낸다"고 하였다.

다음에 경은 두 가지를 폭넓게 설명한다. 첫째로 중생이 정토에서 받는 혜택을 설명하고, 둘째로 수혜자와 그 혜택을 한데 묶어서 설명한다.

첫째 설명은 두 가지로 구분된다. 중생이 정토에 태어나는 곳에 대한 설명과 아미타불의 능력에 대한 요약이다.

> 또 사리불이여, 극락세계에는 칠보로 된 연못이 있고, 그 연못에는 여덟 가지 공덕의 물이 가득 차 있다. 그 연못의 바닥에는 순금모래가 깔려져 있고, 그 둘레 사방에는 금, 은, 유리, 파리로 만들어진 층계가 있고, 그 위에 있는 누각은 금, 은, 유리, 파리, 자거(硨磲: 조개의 한 종류. 역주), 적주(赤珠: 붉은 구슬. 역주), 마노(瑪瑙: 차돌의 한 종류. 역주)로 장엄하게 꾸며져 있다. 그 연못 가운데는 수레바퀴만큼 큰 연꽃들이 피어 있다. 푸른 꽃에서는 푸른 광채가 나고 노란 꽃에서는 노란 광채가 나며 붉은 꽃에서는 붉은 광채가 나고 흰 꽃에서는 흰 광채가 나며 참으로 아름답고 향기롭고 정결하다. [13]

경의 앞부분에서는 정토에서 중생들이 사는 곳에 대해 설명했다. 지금은 중생들이 태어나는 곳에 대해 기술하고 있다.

정토에 있는 보석 연못들과 금과 은 등으로 만들어진 것들은 우리가 사는 세계의 흙이나 돌들과는 다르다.

정토에 있는 보석 연못을 여덟 공덕을 지닌 물이 채우며 흘

---

❸ | 아미타불의 정토에 관한 구체적이고도 생생한 묘사가 대승불교 경전 가운데 『아미타경』이 유일한 것은 아니다. 예를 들면, 『화엄경』에 기본적으로 비슷한 아이디어, 즉 위대한 보살의 공덕에 의해서 하나의 국토가 청정해진 것을 설하는 구절이 많다.

"깨달아 가는 위대한 존재들 (보살들) 또한… 모든 불국토를 정화하기 위한 열망으로… 선근을 바친다. … 이 불국토들은 모두 천지 만물처럼 무한히 많은 청정하고 정묘한 보석들의 세트로 장엄되어 있다. — 보석 장막으로 뒤덮인 청정한 보석으로 된 무수한 옥좌, 무수한 보석 커튼과 드리워진 보석 그물, 서로 비추는 모든 종류의 보석들로 된 무수한 보석 덮개, 보석 비를 내리는 무수한 보석 구름, 도처에 있는 무수한 보석 꽃들, 완전히 청정한 무수한 보석 난간들, 전 우주를 도는 부처님의 미묘한 음성을 항상 발하는 무수한 보석 종들, 화려한 여러 보석 색깔의 빛으로 피어있는 무수한 보석 연꽃, 도처에 여러 줄로 서있는 무수한 보석 나무들, 무수한 보석 꽃과 과일들, 무수한 깨달아 가는 존재(보살)들이 사는 무수한 보석 궁궐들, 넓고, 장엄하고, 길고, 넓고, 가까이 그리고 멀리 있는 무수한 보석 장원(莊園)들, 정묘한 보석들로 장식된 무수한 보석 성벽들, 아름다운 보석 줄들이 도처에 매달린 무수한 보석 문들… .(T. Cleary, The Flower Ornament Scripture, Vol. I . p. 681)

러간다. 그 물은 이 세상의 탁한 물과는 달리 맑고 깨끗하다. 너무 차거나 뜨거운 이 세상의 물과는 달리 맑고 시원하다. 나쁜 맛을 가진 이 세상의 물과는 달리 달고 맛있다. 이 세상의 무거운 물과는 달리 가볍고 부드럽다. 이 세상의 썩은 빛깔의 물과는 달리 반짝이며 빛난다. 이 세상의 사나운 물과는 달리 평온하다. 우리를 오싹 두렵게 하게 하는 이 세상의 물과는 달리 배고픔과 갈증을 없앤다. 중생의 기력을 줄이는 이 세상의 물과는 달리 중생의 기력을 기른다.

정토에 있는 물은 말라버리거나 넘치는 이 세상의 물과는 달리 항상 보배 연못을 가득히 채운다. 보배 연못의 바닥은 진흙과 오물로 되어 있는 이 세상 연못과는 달리 순금의 모래로 되어있다. 층계 길은 벽돌과 돌로 되어 있는 이 세상의 층계 길과는 달리 보석들로 만들어져 있다.

연못 위의 누각들은 이 세상의 누각들과는 달리 금, 은, 유리, 파리, 자거, 적주, 마노로 장식되어 있다. 이 누각들은 정토의 중생들이 사는 집이면서 또한 법회가 열리는 곳이기도 하다.

사람이 보석 연못에 있는 연꽃의 자궁에서 태어나자마자 법회에 들어가 아미타불을 뵙고 설법을 듣는다. 연꽃으로부터 태어나는 몸은 빛이 나고, 연꽃 자궁도 역시 빛이 난다. 극락정토의 빛들은 그 색깔이 무한하다. 연꽃들의 아름답고 정결한 향기

는 특별한 덕성들 즉 공기 같고, 막힘이 없고, 모양이 없고, 감각의 대상이 아님을 상징한다. | ⓮

추가주해 __ 정토 관련 논저들에 의하면 다음과 같은 설명을 보탤 수 있다. 본체 또는 원리의 수준에서 볼 때, 이 구절은 진심(眞心)에 대한 은유이다. 보석 연못은 마음의 무한한 폭과 깊이를 나타내고, 순금 모래는 마음의 청정과 수승한 성덕(性德)을 나타낸다. 누각은 하늘사람과 사람의 국토 위에 솟아오른 마음의 높이를 상징한다. 연꽃은 세속의 땅에 뿌리를 두나 진흙과 오물에 더럽혀지지 않은 마음을 나타낸다. 연꽃은 또한 고통의 보편적 진리에 뿌리를 두나 그것을 초월하는 불교를 나타낸다. 수레바퀴는 진실한 신자들을 사바세계에서 성인의 국토로 나르며 모든 번뇌를 부수는 불법의 바퀴를 시사한다.

다음 문장에서 경은 아미타불의 능력을 요약한다.

⓮ | 연꽃은 마음 또는 자성을 나타낸다. 마음(自性)의 본체는 언제나 고요하나 항상 빛을 낸다. 그래서 연꽃의 이미지도 빛을 내고 있다.

사리불이여, 극락세계에는 이와 같은 공덕과 장엄이 성취되어 있다.

정토에서 중생들이 사는 곳과 태어나는 곳에 대한 모든 장엄은 본래 아미타불의 위대한 서원과 행위의 진실한 공덕으로 이루어진 것이다. 그렇기 때문에 아미타불이 네 종류의 정토를 모두 장엄하여 모든 과거, 현재, 미래의 세계들의 모든 보통사람들과 성인을 껴안아 정토에 왕생토록 할 수 있다.

위대한 서원으로 아미타불은 중생이 선근(善根)을 늘리는 원인을 만들고, 위대한 행동으로 중생이 공덕을 증대하는 인연을 만든다. 아미타불은 우리로 하여금 믿음과 서원을 내고, 부처님 명호를 불러 매 순간 이러한 공덕을 성취하도록 이끌어준다. 이 모든 것이 이미 성취되어 있다. 지금 바로 이루어지는 것이 아니고, 또한 앞으로 이루어지는 것도 아니다.

아미타불의 모든 장엄은 중생들의 마음속에 있는 모든 장엄들이 발달할 수 있도록 자극하는 바탕으로 작용한다. 아미타불 전체가 곧 중생이다. 그의 모든 능력이 곧 우리의 능력이다. 이리하여 경에서 "정토에 이와 같은 공덕과 장엄이 성취되어 있다."고 설하는 것이다.

추가주해 ── 아미타불의 정토는 그 땅에 살고 있는 주민들의 수많은 공덕(功德)으로 장엄되어 있다. 왜냐하면 공덕은 (복덕과는 다르게) 무조건적이므로, 이렇게 만들어진 정토는 생사를 초월한다.

다음에 아미타경은 정토에 있는 중생과 그들이 입는 혜택에 대해 설명한다. 먼저 경은 다섯 감각기관들[五根]과 다섯 감각대상들[五塵]로 그들이 경험하는 것들을 설명한다. 다음에 경은 이 경험을 듣는 것과 소리로 설명한다. 다시, 첫 부분은 그것에 대한 설명과 그 요약으로 나누어진다.

또 사리불이여, 그 불국토에는 항상 하늘의 음악이 연주되고 땅은 황금으로 되어 있다. 밤낮으로 하루 종일 하늘에서 만다라 꽃비가 내린다. 그 나라의 중생들은 항상 새벽에 각각 바구니에 여러 가지 아름다운 꽃들을 담아 다른 곳의 십만 억 부처님들께 공양을 올리고 식사 때에 제 나라로 돌아와 식사를 마치고 산책한다.

음악은 성진(聲塵)인 소리를 나타내고, 땅은 색진(色塵)인 모양을 나타내고, 꽃은 색진과 향진(香塵)인 모양과 향기 두 가지를 나타내고, 음식은 미진(味塵)인 맛을 나타내고, 공양은 촉진(觸塵)인 접촉을 나타낸다. 정토 중생들의 감각기관들이 감각대상들과 짝을 이루어 정토에는 단지 즐거움만이 있음을 분명하게 보여주고 있다.

음악은 하루 24시간 끊임없이 연주된다. 아미타불의 정토는 기본 물질이 금은보석들로 장엄되어 있으므로, 땅도 순금으로 되어 있다.

아미타경에서는 꽃비가 밤낮으로 하루 종일 내린다고 설한다. 정토와 그 주민들이 해와 달에 의지하지 않고 밝게 빛나는데, 거기 어찌 밤과 낮의 구분이 있을 것인가? 이것은 속세에서 우리가 만드는 분별, 우리 식의 표현에 맞추려고 임시로 한 말에 지나지 않는다.

정토의 하늘에서 내리는 꽃은 산스크리트어로 만다라바(mandarava)이며 '원하는 대로'와 '흰 꽃'이라는 두 가지 뜻을 갖고 있다.

다른 곳의 부처님들에게 공양하는 것은 진정한 원인을 통하여 우리가 궁극의 열매(成佛)를 얻을 수 있고, 이 궁극적 성취의 공덕이 이르지 않는 곳이 없음을 상징한다. 또한 아미타경에서는 우리 속세의 언어를 사용하여 십만 억 불에 대해 말한다. 그 뜻은 우리가 극락정토에 태어나면 석가모니 부처님과 미륵불에게 공양을 올릴 수 있고, 또 아미타불의 신통력에 힘입어 우리가 이를 수 없는 곳이 없다는 것이다. 한마디로 아무리 멀어도 먼 곳이 아니요, 금세 갈 수 있다는 것이다.

식사하는 때가 아침이므로, 아미타경에서는 정토의 주민들이 부처님들께 공양을 올리고 나서 식사 때가 되면 신통력을 보여 자신들이 사는 곳으로 돌아온다고 설한다. 그들은 자신들이 사는 나라를 떠나지 않은 채, 시방 모든 세계로 여행할 수 있는 것이다.

이 구절을 잘 살펴보면, 정토에는 모든 소리, 모든 감각대상, 모든 순간, 심지어 모든 발걸음이나 손가락 한번 튕기는 것도 시방 모든 세계의 삼보(불보, 법보, 승보)와 막힘없이 융통함을 보여준다. 이것은 또한 우리 속세의 악과 장애가 너무 심하여 이 세계가 실제로는 극락정토와 분리되지 않았음에도 불구하고 마침내 정토와 분리되어 있음을 보여준다. 극락정토에 태어나면 우리의 공덕이 매우 커져서 실제로 이 사바세계와 분리되지 않은 채, 사바세계와 분리되어 진다.

아미타경에서는 다음과 같이 요약하고 있다.

사리불이여, 극락세계에는 이와 같은 공덕과 장엄이 성취되어 있다.

다음에, 아미타경은 정토에서 소리를 들으며 경험하는 것에 대해 설명한다. 실제로, 극락정토는 법계(우주)의 잠재력을 에워싼다. 그 곳의 모든 감각대상은 완전하고 미묘하며, 모든 가르침을 편다.

아미타경에서 이 구절은 두 부분으로 나뉘어져 있다. 즉 개별적인 설명과 전반적인 요약이다. 개별적인 설명은 교화하는 유정물(有情物)의 소리와 무정물(無情物)의 소리에 대해 논한다. 법의 혜택을 불러오는 새들의 소리를 말하고, 간략하게 실문에 답한다.

첫 부분은 이러하다.

또 사리불이여, 그 나라에는 온갖 종류의 기묘한 여러 색깔의 새들이 있다. 백학(白鶴), 공작(孔雀), 앵무(鸚鵡), 사리(舍利: 물새의 일종. 역주), 가릉빈가(迦陵頻伽). 공명조(共命鳥)|❻ 같은 새들이 밤낮으로 항상 평화롭고 우아한 소리를 낸다. 그 소리는 오근[五根: 신근(信根), 정진근(精進根), 염근(念根), 정근(定根), 혜근(慧根). 역주], 오력

〔五力: 신력(信力), 정진력(精進力), 염력(念力), 정력(定力), 혜력(慧力). 역주〕, **칠보리분**〔七菩提分: 택법보리분(擇法菩提分), 정진보리분(精進菩提分), 희보리분(喜菩提分), 제보리분(除菩提分), 사보리분(捨菩提分), 정보리분(定菩提分), 염보리분(念菩提分). 역주〕과 **팔성도분**〔八聖道分: 정견(正見), 정사유(正思惟), 정어(正語), 정업(正業), 정명(正命), 정정진(正精進), 정념(正念), 정정(正定). 역주〕 등의 법을 설한다. | ❶

---

❶ | 가릉빈가: 부화되기 전부터 매우 아름다운 노래를 부르는 새(아마도 참새나 인도 뻐꾸기의 한 종류일 것임). 공명지조: 하나의 몸통에 두 개의 머리를 가진 새를 뜻한다. 두 개의 머리는 마음과 지각을 나타낸다(아마도 공작의 한 종류일 것이다). (Hozen Seki.)

❶ | 법을 설하는 새들: 연각(緣覺)의 전통적인 정의와 비슷하게 하나의 비유로써 이해할 수 있다. 연각은 예를 들어, 지는 잎을 보고 인생의 무상함을 알아 깨달음을 얻는 성인이다. 이 경우 지는 잎들이 법(부처님의 가르침)을 설한다고 말할 수 있다는 뜻이다.

설법하는 땅, 나무, 비, 보석들과 같은 무정물들의 이미지는 『화엄경』과 같은 최상의 대승 경전에서 발견할 수 있다.

그 나라의 중생들이 이 소리를 들으면 모두 부처님과 불법과 스님들을 생각하게 된다.

비록 모든 불교의 방법이 37조도품에 포함되어 있지만, 중생들의 근기와 처한 상황이 제각기 다르므로 모든 종류의 용어들을 사용하여 다른 형태의 다양한 가르침들이 고안되어 왔다. 이들 중 어떤 것들은 열려 있고, 어떤 것들은 닫혀 있다. 불교의 가르침은 들을 준비가 된 중생들에게 맞추어졌을 뿐만 아니라 모든 중생들에게 최대한 효과적으로 표현되어 있다.

부처님의 축복과 신비한 힘은
모든 곳을 귀중한 보석들로 장엄한다.
땅과 깨달음의 나무들은
번갈아 빛을 발하고 진리를 설하는 소리를 낸다.

귀중한 등불들, 무수히 하늘에서 비 오듯 내리고
장엄한 사파이아가 점점이 박힌 채
모두 다 진리를 설하는 미묘한 소리를 낸다….
(T. Cleary, The Flower Ornament Scripture, Vol. I. p. 139)

이리하여 가르침을 듣는 사람들은 부처님과 부처님의 가르침과 스님들을 생각할 수 있게 된다. 그들은 보리심(자신과 남들의 이익을 위하여 깨달음을 이루겠다는 열망)을 내고 열심히 수행하여 번뇌를 없앨 수 있게 된다. 그들은 부처님의 불가사의한 자비와 위엄에 넘치는 인품을 생생히 보고, 부처님을 잊지 않고 생각하게 된다. 불법의 기쁨이 그들의 가슴 속에 스며들게 된다. 법의 맛이 가득 차 마침내 깨달음의 가르침을 잊지 않고 생각하게 된다. 그들은 공동체에서 함께 가르침을 듣고, 함께 수용하여 전심으로 도를 닦으므로 항상 구도자들의 공동체를 잊지 않고 생각하게 된다.

관조(觀照)의 세 가지 형태[공(空), 가(假), 중(中)]와 관조의 세 가지 대상[불(佛), 법(法), 승(僧)]은 다른 측면들을 지닌다. 그러나 본질적으로는 같다.

가르침의 네 가지 종류[四敎: 장교(藏敎), 통교(通敎), 별교(別敎), 원교(圓敎)]와 진리의 세 가지 단계[三諦:공제(空諦), 가제(假諦), 중제(中諦)]를 이해하기 위하여 37조도품의 차이에 대한 분석이 필요하다.

아미타경은 아래의 구절에서 간략히 질문에 답한다.

사리불이여, 그대는 이 새들이 실제로 죄업의 과보로 생겼다고 생각하지 말라. 왜냐하면 그 불국토에는 삼악도(三惡道: 지옥, 아귀, 축생. 역주)가 없기 때문이다. 사리불이여, 그 불국토에는 악도라는 이름도 없는데 어찌 그런 것이 실제로 있겠는가? 이 새들은 모두가 다 아미타 부처님께서 법문을 베풀기 위해 변화하여 만든 것이다.

아미타경에서는 평소 제기될 수 있는 의문에 대답하고 있는 것이 분명하다.

문 __ (축생인) 새는 삼악도의 하나에 속하는 존재가 아닌가?
답 __ 정토에 사는 새들은 악행의 죄보로 생겨난 것이 아니다. 그들은 새라고 불리지만, 모두 여래의 궁극적 공덕에 대해 설명하고 있다. 그들은 '궁극적 진리의 새' 라고 할 수 있으며, 이것은 어떤(악도에 태어나는 존재를 의미하는) 경멸하는 이름이 아니고, 본래의 성덕을 전하는 아름다운 명칭이다.

문 __ 새들을 아미타불이 변화하여 만들었다는 것은 무슨 뜻일까?
답 __ 네 가지 이유가 있다.
첫째, 보통 사람들이 새들을 보고 즐거워하므로 진리를 가르칠 수 있다. 왜냐하면 새들이 그들의 기분에 맞고 그들을 기쁘게 하기 때문이다.

둘째, 새들이 설법하면 듣는 사람들이 공덕을 얻게 된다.

셋째, 우리들로 하여금 새들을 경멸해서는 안 된다는 것을 깨닫게 함으로써 제멋대로 분별하는 버릇을 없앨 수 있다.

넷째, 정토의 새들은 아미타불의 화신으로서, 모든 것에 본래 있고, 모든 것을 만들고, 모든 곳에 평등한 법신의 성품을 깨닫게 한다.

이 구절은 바람 소리나 나무 흔들리는 소리와 같은 정토의 갖가지 소리들과 정토의 모든 환경과 그 곳을 주재하는 부처님에 관한 모든 것들이, 그것이 임시방편이든 절대적 실재이든, 그 본체에 있어서 아미타불의 법신·보신·화신과 동일함을 보여준다. 이 모든 것들은 상(常)·락(樂)·아(我)·정(淨)의 아미타불과 다르지 않다.

사리불이여, 그 불국토에 미풍이 불면 모든 보석으로 된 가로수와 그물에서 미묘한 소리가 나는데, 마치 백천 가지 악기가 동시에 합주되는 것 같다. 이 소리를 듣는 사람은 자연히 부처님을 생각하고, 불법을 생각하고, 스님을 생각할 마음을 내게 된다.

정토에는 중생과 무정물이 모두 불가사의한 법을 드러내며, 동시에 장교(藏敎), 통교(通敎), 별교(別敎), 원교(圓敎)의 무수한 방법들을 설명한다. 그들은 모든 존재들에게 그 무리에 맞춰 설명하여, 그들로 하여금 삼보(佛寶·法寶·僧寶)를 잊지 않고 생각하게 한다.

삼보를 생각함으로써 중생은 네 가지 혜택을 입는다. 보통 사람들이 처음 가르침을 들으면 그들의 몸이 즐거움을 느낀다. 이것이 기쁨의 혜택이다. 그러한 기분으로 삼보와 만나면 틀림없이 보리심을 낸다. 이것이 선(善)을 내는 혜택이다. 이 선으로써 번뇌를 이기는 것이 악을 없애는 혜택이다. 삼보가 본질적으로 한 몸임을 깨닫는 것이 최상의 진리를 알게 되는 혜택이다.

아미타경은 앞에서 한 설명을 다음과 같이 요약한다.

> 사리불이여, 극락세계에는 이와 같은 공덕과 장엄이 성취되어 있다.

아미타경은 정토의 모든 장엄이 우리의 인도자인 아미타불의 서원과 실행으로 이루어졌고, 그의 지혜에 의하여 드러났고, 우리의 청정한 업에 의하여 의식이 변함에 따라 나타났음을 깊이 믿도록 요약하고 또 요약해서 말한다.

부처님의 마음과 중생의 마음이 서로를 비추는 것은 마치 수많은 등불의 빛들이 각기 이르지 않는 곳이 없으며 서로 합하여 하나가 되는 것과 같다. 내적 진리가 전체로서 현상을 이루며(全理成事), 현상 전체가 내적 진리와 합한다(全事卽理). 우리의 진성 전체가 진정한 종교적 수행을 일으키며(全性起修), 진정한 종교적 수행 전체가 우리 진성 안에 있다(全修在性). 이 점을 항상 깊이 생각해야 한다.

어느 누가 이 정토와 분리된, 다른 '오직 마음뿐인 정토(唯心淨土)'가 존재한다고 말할 수 있을까? 이렇게 한다면 쓸데없이 공허한 말을 하는 것이다.

이로써 정토의 불가사의에 대해 기술하는 내용의 단락이 끝난다.

아미타불의 불가사의

다음에 아미타경에서는 아미타불의 불가사의에 대해 언급한다. 먼저 석가모니 부처님께서 질문을 제시한 후, 아미타불의 명호를 설명해 나간다.

사리불이여, 그대 생각에 그 부처님을 왜 아미타라고 부르는가?

아미타경은 아미타불의 명호를 부르는 수행의 불가사의에 대해 가르치므로, 그 명호를 설명하는 데에 특별히 중점을 둔다. 이 경의 취지는 사람들이 이 위대한 명호의 불가사의한 능력과 무수한 공덕에 깊은 믿음을 내어 더 이상 의심하거나 딴 생각 없이 일심으로 부처님 명호를 부르도록 하는 데에 있다.

다음 구절은 '아미타불' 명호를 '무한한 빛'과 '무한한 수명'의 두 가지 의미로 설명한다. '아미타불'의 문자 그대로의 번역은 '무한'이고, 무한은 현실적으로 설명할 수 없다. 아미타경에서, 우리의 스승인 석가모니 부처님은 모든 종류의 무한을 포함해서 나타내기 위하여 '무한한 빛'과 '무한한 수명'의 의미들을 사용한다.

무한한 빛은 모든 방향의 공간으로 퍼져 나가고, 무한한 수명은 시간으로 확대되어 과거, 현재, 그리고 미래에 이른다. 서로 섞이어 통하는 시간과 공간의 한계가 우주의 몸이다. 이 몸 전체가 아미타불의 몸이자 국토이고, 이 몸 전체가 아미타불의 명호이다.

이리하여, 아미타불은 중생의 본래 깨달은 진성이고, 아미타불의 명호를 부르면 이 깨달음이 드러난다. 본래의 깨달음과 수행하여 중득한 깨달음은 마치 중생과 부처가 서로 다른 둘이 아닌 것처럼 근본적으로 서로 다른 둘이 아니다. 따라서 한 순간 우리 본래의 깨달은 진성과 합치하면 우리는 그 순간 부처님이다. 매 순간 본래의 깨달은 진성과 합치하면 우리는 매 순간 부처님이다.

먼저, 아미타경은 아미타불의 이름을 '무한한 빛'으로 정의한다.

> 사리불이여, 그 부처님의 광명은 한량이 없어 시방 세계를 두루 비추어도 걸림이 없기 때문에 아미타라고 한다.

마음의 진성은 고요하다. 하지만 항상 각성(覺醒)으로 빛난다. 빛이기 때문이다. 여기에서 뜻하는 것은 아미타불이 마음의 무한한 진성 본체를 꿰뚫는다는 것이다. 따라서 그의 광명은 무한하다. 그처럼 모든 부처님은 마음의 진성을 꿰뚫어 시방 모든 세계에서 빛난다. 따라서 그들을 모두 '무한한 빛'이라 할 수 있다.

그러나 부처님들이 (보살로서) 수행하는 단계에 있을 때는 서원의 힘에서 차이가 나므로, 모두 인연에 따라 다른 이름을 갖게 된다. 아미타불이 (먼 과거에) 법장(法藏) 비구였을 때, 48원을 발했고 그 중 하나가 그의 광명이 시방세계에서 영원히 빛나는 것이었다. 이제 그가 부처님이 되었고, 따라서 그의 서원들이 성취되었다.

법신의 광명은 끝이 없고, 보신의 광명은 진성과 일치한다. 이 점에서 모든 부처님의 길들은 동일하다. 응신(應身, 석가모니 부처님과 같은 화신)의 광명은 비추는 범위가 다르다. 어떤 부처님의 빛은 백 리를 비추고, 다른 부처님들은 그보다 백만 배 더 멀리 비추고, 어떤 부처님들은 한 세계를 비추고, 다른 부처님들은 백만의 세계들을 비춘다. 오직 아미타불만이 두루 전 우주를 비춘다. 이런 까닭에 아미타불을 특별히 '무한한 빛'으로 부른다.

하지만 부처님의 세 몸들은 하나도 아니고 서로 다르지도 않다. 이러한 구별은 오직 중생들을 이롭게 하기 위하여 만든 것이다. 세 부처님 몸들 사이에 어떠한 장애도 없음을 알아야 한다. 보통사람들의 입장에서는 만약 부처님들과 인연이 깊으면 부처님의 빛은 어디에서나 그들을 비추고, 모든 세계에서 온전히 그들에게 나타날 것이다.

다음에 경은 '아미타불'의 이름을 '무한한 수명'으로 정의한다.

또 사리불이여, 그 부처님의 수명과 그리고 그 나라 백성의 수명이 한량없고 끝이 없는 아승지겁이므로 아미타라고 부른다.

마음의 진성(眞性)은 각성으로 빛나고 있으나 항상 고요하다. 따라서 그것은 생명이다. 여기서 뜻하는 바는 아미타불이 마음의 무한한 본체를 꿰뚫어 그 수명이 무한하다는 것이다.

아미타불은 전세에 서원의 왕인 법장 비구였을 때, 그 나라의 부처님과 사람들의 수명이 무한하기를 발원하였다. 이제 법장 비구의 서원들이 정토에서 성취되었으므로 그에게 '무한한 수명'이라는 특별한 이름이 주어졌다.

우리는 '무한한 빛'과 '무한한 수명'이라는 이름이 모두 중생에게 본래 있는 동등한 잠재력에 뿌리를 두고 있음을 알아야 한다. 중생과 부처가 본래 같으므로 아미타불의 명호를 부르는 사람들은 광명이나 수명에서 그분과 다르지 않게 된다.

뿐만 아니라, 무한한 빛의 진리로 말미암아, 중생들이 아미타불의 극락정토에 태어날 때, 그들은 또한 시방세계의 모든 나라에 태어나게 되고, 그들이 아미타불을 볼 때, 또한 시방세계의 모든 부처님들을 보게 된다. 이리하여 그들 자신이 제도되어 모든 중생에게 혜택을 줄 수 있다.

무한한 수명의 진리로 말미암아, 극락세계의 사람들은 단 한 생에서 틀림없이 완전한 깨달음을 얻을 수 있고 다른 생명으로 다시 태어나지 않게 된다.

지금 이 순간 우리 앞에 있는 무한한 빛과 무한한 수명을 가진 마음과 다른 아미타불이 없고, 아미타불의 명호가 아니고는 지금 이 순간 우리 앞에 있는 무한한 빛과 무한한 수명의 마음을 관통할 다른 길이 없음을 깨달아야 한다. 나는 여러분이 이 점을 깊이 생각해 주길 바란다!

이제, 아미타불과 그의 대중에 대해 기술하는 내용의 단락이 온다.

사리불이여, 아미타불이 성불하신 지 벌써 십겁이 지났다.

아미타불의 수명은 무한하다. 아미타경에서는 단지 십겁이라 말하였지만, 이는 단지 임시방편으로 가르치는 것이기 때문이다. 실제로 아미타불의 시간은 끝이 없고, 그분은 과거, 현재, 그리고 미래의 중생들에게 빨리 정토왕생을 구해 부처님과 함께 무한한 수명을 나누기를, 그리고 단 한 번의 일생에 이 모든 것을 성취하도록, 널리 권했고, 권하고, 그리고 권할 것이다.

아미타경에서는 계속해서 아미타불의 무수한 제자들인 아라한, 보살, 그리고 일생보처보살 들에 대해 말한다. 그들 모두가 과거 십겁 동안에 그 지위를 성취했다는 것을 강조한다. 또한 과거, 현재, 그리고 미래의 시방세계에서 수많은 중생들이 물러나지 않고 쉽게 정토에 왕생한다는 사실을 실제로 보여주고 있다.

또 사리불이여, 그 부처님에게는 무수히 많은 성문 제자들이 있는데 모두가 아라한들이고 그 수는 산수로써 능히 헤아릴 수 없다. 여러 보살 대중의 수도 또한 그렇다.

다른 세계의 소승을 따르는 중생들은 아미타불의 정토에 태어나지 않는다. 그러나 그의 일생 중 이른 시기에 소승을 닦았더라도 보리심을 내고 죽음에 임박하여 깨달음을 바라고 큰 서원을 내면 그들 또한 정토에 왕생할 것이다.

아미타경은 다시 요약한다.

사리불이여, 극락세계에는 이와 같은 공덕과 장엄이 성취되어 있다.

아미타불 자신, 그리고 그의 제자들과 그를 따르는 보살들도 모두 아미타불의 서원과 행동으로 말미암아 이루어진 국토 안에 있다. 궁극적으로도 또한 이러하여, 하나(법)가 생기면 모든 것(법)이 생겨난다. 이리하여 아미타불 자신, 그 제자들, 그리고 그를 따르는 보살들은 서로 같지도 않고 다르지도 않다. 자기와 남은 둘이 아니다. 이리하여 아미타불 자신, 그 제자들, 그리고 그를 따르는 보살들에 대해 기술한 후, 아미타경은 "극락세계에는 이와 같은 공덕과 장엄이 성취되었다."라고 설한다. 아미타불은 믿음과 서원을 갖고 그 명호를 부르는 사람들도 또한 매 순간 이와 같은 공덕으로 장엄되도록 한다.

위 내용이 아미타경의 첫째 부분의 말미로, 우리로 하여금 믿음을 내도록 정토의 환경과 아미타불과 그 대중의 불가사의한 과보에 대해 폭넓게 설명하고 있다.

정토 왕생의 발원

아미타경은 그 다음 부분에서 부처님께서 모든 중생에게 정토왕생을 구하고 발원하도록 권하는 내용을 설하고 있다.

이 부분은 두 단락으로 나뉘어져 있다. 첫 단락에서는 정토 왕생의 지고한 인연을 밝히고, 둘째 단락에서는 정토의 특별히 수승한 점에 대해 칭찬한다.

정토가 특별히 수승한 점은 무엇인가? 중생이 그들의 업장을 지닌 채 그 곳에 왕생할 수 있고(帶業往生), 그리하여 삼계를 '수평으로' 뛰어넘을 수 있게 된다(橫出三界). 아미타불의 정토는 성인과 범부가 함께 사는 정토이나, 네 국토(범성동거토, 방편유여토, 실보장엄토, 상적광토)를 포함하고, 네 가지 가르침(장교, 통교, 별교, 원교)을 드러낸다.

아미타불의 정토에 태어나는 중생들은 네 국토를 완전히 정화하고, 부처님의 세 몸을 완전히 보고, 그들의 지위, 수행 또는 생각함(念)으로부터 다시는 물러나지 않는 경지에 완전히 이르게 된다. 아미타불 정토에 난 모든 사람들은 단 한 번의 일생 동안 반드시 깨달음을 얻게 된다. 정토의 이러한 특징들은 경의 다음 두 단락에서 지적하고 있으니 주의 깊게 공부해야 한다. 처음 구절을 보자.

또 사리불이여, 극락세계에 태어나는 중생들은 다 아비발치(阿鞞跋致)이며 그 중에는 일생보처(一生補處)도

그 수가 심히 많아 산수로써 알 수 없어 다만 한량없고 가가 없는 아승지로 말할 뿐이다.

아미타경은 '물러나지 않음(不退轉)'을 의미하는 산스크리트어인 '아비발치(avaivartika)'를 사용한다. '물러나지 않음'은 정토의 중생들에게 세 가지 의미를 갖는다.

첫째, 그들은 지위에서 물러나지 않는다. 성스러운 흐름[聖流, 아라한에서 절정을 이루는 성인의 네 지위]에 들어섰으므로, 그들은 다시는 하늘이나 인간의 수준으로 물러나지 않는다. 둘째, 그들은 수행에서 물러나지 않는다. 보살도를 닦는 수행자로서 시속적으로 모든 존재들을 제도하기 위하여 노력하고, 자신의 제도에만 관심을 갖는 소승의 수준으로 물러나지 않는다. 셋째, 그들은 생각함(念)에서 물러나지 않는다. 순간의 생각에서 순간의 생각으로 그들은 전지(全知)의 바다로 흘러들어 간다.

아미타불의 정토에는 십념(十念: 오역십악의 중죄를 지은 중생도 임종 시 소리를 그치지 않고 부처님 명호를 열 번 부르면 극락세계에 왕생함. 역주)이 완전히 성취되어, 업장을 지니고 그 곳에 태어나 가장 낮은 수준에 사는 사람도 그들의 지위에서, 수행에서 또는 생각함에서 물러나지 않는다.

정토가 아닌 다른 불교 경전의 교의에는 단계를 뛰어넘는다는 불교용어가 없다. 오직 성인과 범부가 함께 사는 아미타불의 범성동거토(凡聖同居土)에서만, 사람들이 어느 단계에 속하지 않으면서 또한 모든 단계에 속한다. 이러한 명칭과 형태의 초월은 다른 어떤 불국토에도 없다. 단계와 수준의 이러한 정의, 이러한 가르침은 다른 어떤 불국토에도 없다. 그러나 이러한 모든 것들이 만약 마음의 궁극적 실재가 없다면, 부처님 명호를 부르는 특별한 효과가 없다면, 아미타불의 위대한 서원이 없다면 어떻게 있을 수 있겠는가?

정토가 아닌 다른 불교 경전에서는 일반적으로 깨달음 전에 단 한 번의 일생을 갖는 단계에 대해 오직 보살에게만 해당하는 일이라고 설한다. 그러나 극락세계에서는 누구나 단 한 번의 일생에서 깨달음을 이루고, 그 중에는 수없이 많은 최고의 보살들이 있다.

석가모니 부처님의 가르침 중에 오직 『화엄경』만이 단 한 번의 일생에서 완전한 성불을 설한다. 완전한 성불의 근거는 안양(安養:아미타불 정토의 다른 이름)에 돌아가는 길을 보여주는 「보현행원품」에 설명되어 있다. 이리하여 『화엄경』은 화장세계(華藏世界, 우주)의 모든 대중에게 정토를 향해 나가도록 권유한다.

얼마나 놀라운 일인가? 정토에 사는 보통사람들은 마치 위대한 보살처럼 단지 단 한 번의 일생에 깨달음을 얻게 되는 단계에 이르게 된 것이다. 얼마나 숭고한 가르침인가–진실로 그 깊이를 헤아릴 수 없다! 화엄경에 설한 것이 여기 아미타경에 있다. 그럼에도 불구하고, 예로부터 지금까지 이를 믿는 사람이 적었고, 의심하는 사람들이 많았다. 난해한 저술들이 출간되었으나, 진리는 희생되었다. 이것들을 바로잡기 위하여 내가 할 수 있는 모든 것은 내 심장의 피를 뽑아 뿌리는 것이다.

부처님께서는 아미타경에서 이 점에 대해 특별히 권고한다.

> 사리불이여, 이 말을 들은 중생들은 마땅히 서원을 세워 그 나라에 태어나기를 원해야 한다. 왜냐하면 그곳에 가면 이 모든 가장 착한 사람들과 한데 모여 살 수 있기 때문이다.

아미타경이 시작될 때 부처님의 설법을 듣는 대중의 일부라고 말한 아라한과 보살들은 '착한 사람들'이라 부를 수 있다. 그러나 깨달음의 길에서 최상의 수행 수준에 있는 사람들을 '가장 착한 사람들(최고의 공덕을 지닌 사람들)'이라 부른다. 그 수가 많기 때문에 경은 '이 모든 가장 착한 사람들'이라 설한다.

'한데 모여 산다'는 정토에서는 보통사람들과 성인들이 함께 모여 사는 것을 뜻한다. 정토에는 진정으로 깨달았지만 아직 전생의 청정하지 못한 업을 지닌 성인들도 있고, 위대한 자비의 서원을 지니고 임시방편에 통달한 성인들도 있다. 욕망이 사라진 진정한 성인들도 있고, 교묘한 방편을 지닌 얽힘이 없는 스승들도 있다. 정토의 보통사람들은 이러한 성인들과 함께 살게 된다. 그들은 깨달음이나 즐거움의 수준에서 크게 차이가 나나, 당분간 정토에서 함께 산다.

반면에 우리가 사는 속세에서는 그러한 성인들을 보거나 듣는 사람들이 적고, 운이 좋아 그들을 보거나 들을 수 있는 사람들 중에도 소수만이 그들에게 접근할 기회를 갖는다.

부처님이 세상에 계실 때, (법을 펼치는 것을 돕는) 비교적 많은 성인들이 있을지 모르지만, 그래도 그들은 희귀한 보석들로 창공에 있는 별처럼 전 세계를 가득 채울 수 없다.

그러나 아미타불의 정토에서는 성인과 보통사람들이 함께 살지만, 그들의 행동과 성취는 각기 다르다.

정토에 태어난 존재들은 그들의 초월적 업과 불가사의한 행동 때문에 함께 살게 된 것이다. 이 존재들은 서로의 스승으로서 행동하며 사이좋게 수행하여, 무지와 미망을 끝내고 함께 불가사의한 깨달음(妙覺)을 성취한다.

따라서, 정토에 태어나는 보통 중생들은 물러나지 않는 신심으로 인해 실제로 보살의 많은 지위들을 초월한 것이다. 이 사람들을 보통사람들이라고 해서는 옳지 않다.

왜냐하면, 그들은 윤회를 초월했고, 깨달음의 문 앞에 있고, 부처님을 돕는 데에서 위대한 보살인 관세음보살과 대세지보살과 다르지 않기 때문이다.

비록 이들이 금생에 깨달음을 얻게 되지만, 아직은 보통사람들이라고 불러야 하기 때문에 일생보처보살로 부를 수는 없다. 이러한 상황은 정토 계통의 경전이 아닌 어떠한 다른 가르침의 체계에 있을 수 없다. 그야말로 아미타불의 정토 아닌 다른 불국토에 선례가 없는 것이다.

그래서, 중생이 해야 할 가장 시급한 일은 성인과 범부가 함께 사는 범성동기토로 건너가는 것이다. 아미타불의 극락세계가 유일무이한 곳이다. 극락세계는 다른 모든 하늘세계를 초월한다.

이 점을 먼저 이해해야만, 아미타불의 서원의 힘에 깊은 믿음을 낼 수 있다. 무엇보다 아미타불의 힘을 믿어야만 아미타불 명호의 공덕에 깊은 믿음을 낼 수 있다. 아미타불 명호를 부르는 것에 대한 공덕을 깊이 믿어야만, 언제나 불가사의한 중생의 진성(眞性)에 깊은 믿음을 낼 수 있다. 이러한 깊은 믿음을 가져야만, 우리는 위대한 서원을 낼 수 있다. 아미타경의 본문에서 중생이 정토에 태어나려고 발원해야 한다고 말한다. '해야 한다'는 이 단어는 깊은 믿음을 가리킨다. 깊은 믿음으로 발원하는 것이 바로 최상의 깨달은 마음(無上菩提)이다.

요약하면, 믿음과 발원은 진실로 정토로 인도하는 나침반이다. 믿음과 발원에 의지하고, 끊임없이 부처님 명호를 부르는 것이 바른 수행이다. 믿음과 발원이 견고하고 강하면 부처님 명호를 단지 열 번만 불러도, 또는 죽음에 임하여 단 한 번만 간절하게 불러도 틀림없이 정토에 왕생한다.

믿음과 발원이 없으면 부처님 명호를 선불교 문헌에서 말하는 '바람이 들어오지 못하고, 비가 젖을 수 없고', 그리고 '은벽(銀壁)이나 철벽(鐵壁)처럼 서 있는' 수준으로 집중하여 불러도 정토에 왕생할 길이 없다. 그만큼 믿음과 발원이 중요한 것이다. 정토를 수행하는 사람들은 이 진리를 깨달아야 한다. 대본 아미타경도 '발원'을 긴요하다고 설하며, 그 뜻에서 이 단락의 의미하는 바와 같다.

수행, 부처님의 명호를 간절히 부르라

이제 아미타경은 수행자들에게 부처님 명호를 부르는 것이 수승한 수행의 길임을 가르친다. 먼저, 부처님의 몸을 이루는 인과(因果)의 작용을 보여주고, 다음에 부처님의 명호를 간절히 부르라고 거듭하여 권고한다.

> 사리불이여, 적은 선근과 복덕의 인연을 가지고는 저 세계에 태어날 수 없다. 사리불이여, 만약 착한 남자와 착한 여자들이 아미타불의 이야기를 듣고 하루, 이틀 혹은 사흘, 나흘, 닷새, 엿새, 혹은 이레 동안, 한결같이 아미타불의 이름을 불러 한 마음이 되어 흩어지지 아니하면 그들이 임종할 때, 아미타불께서 여러 성인들과 함께 그들 앞에 나타나신다. 그래서 그들은 목숨을 마칠 때 마음이 뒤바뀌지 않고 곧 아미타불의 극락세계에 왕생한다.❶

선근은 정토왕생의 직접적인 원인이 되는 보리심에서 나온다. 수행을 증진하는 보시, 지계, 선정 같은 다른 유덕한 행동들도 복덕을 불러온다. ❽ 이들은 보리심을 개발하는 데 도움이 되는 조건들이다.

소승에 충실한 제자들(성문과 연각)은 선근이 적다. 사람과 하늘사람들의 행동들은 더럽혀져 있으므로 역시 복덕이 적다. 이

⓱ | 이 구절은 정토의 가르침에 관해서 명확히 해둘 몇 가지 의문을 제기한다.

① 일심 칭명. 일상생활을 하면서 부처님의 명호를 부를 때 그 외의 모든 생각들을 배제하고 아미타불 염불과 아미타불 오직 한 분에 집중하는 것을 의미한다. 더 깊이 있는 수준에서, 수행자는 스스로 부처님의 명호를 부르기로 지정한 시간은 물론이고, 그렇지 않은 시간에도 항상 아미타불에 집중한다 — 즉 모든 시간에.

② 하루부터 이레까지 일심 칭명. 아미타경에 의하면, 정토에 왕생하기 위해서는 부처님 명호를 하루에서 이레까지 마음이 한 점에 모일 정도(즉 일심 집중)로 불러야 한다. 모든 수행자들이 증언하듯이 이것은 매우 어려운 조건으로서 오직 극소수의 수행자들만이 언젠가 할 수 있기를 바랄 뿐이다. 그러므로 부처님께서는 『관무량수경』에서 다른 길을 가르치셨다. 즉 임종의 순간에 아미타불의 명호를 일심으로 한 번에서 열 번까지 부르는 것이다. 그러나 이것은 극단적인 해결책임을 알아야 한다. 왜냐하면 죽을 때 우리는 산 채로 껍질을 벗기는 거북이와 같을 것이므로!

결정적인 조건은 마음이 한 점으로 모이는 것이다. 이것은 '전심으로', '전도되지 않고', '한마음으로', '진정으로' 등 여러 가지로 번역할 수 있

러한 것들로는 정토에 왕생할 수 없다.

오직 믿음과 서원으로 부처님 명호를 부르면, 매번 부를 때마다 선근과 복덕이 크게 증장할 것이다. 산란한 마음으로 부처

다. 수행자의 마음이 이러한 조건을 충족시키지 않는 한, 그의 마음이 아미타불의 마음과 같은 파장을 가질 수 없다. 그러면, 그는 아미타불의 서원의 혜택을 입고 정토에 왕생할 수 있는 지위에 이르지 못한다.

③ 원인과 결과. 종종 죄인이 부처님의 명호를 불러 정토에 왕생한다면, 모든 불교의 기본이 되는 원인과 결과의 법칙에 어떤 일이 일어난 것인가 하는 의문을 제기한다.

마음의 수준(본체의 수준)에서는 모든 죄와 걱정, 두려움들이 미혹과 무지에서 생겼으므로 우리가 일단 깨닫기만 하면 (정토에 왕생하여), 이 모든 죄, 걱정 그리고 두려움들이 사라져 버린다. 이것은 마치 어둠 속에서 새끼줄을 뱀으로 오해하는 것과 같다. 불을 환히 켜고 뱀인 줄 알았던 것이 새끼줄이라는 것을 알아차리기만 하면 더 이상 걱정이나 두려움이 없다 — 바꾸거나 갚아야 할 아무 것도 없다, 남아 있는 죄업도 없다.

일상생활의 수준(현상의 수준)에서는 선업도 존재하고 악업도 존재한다. 그러나 일단 우리가 깨달아 자성을 가진 것이 아무 것도 없음을 알게 되면, 악업과 그 응보도 더 이상 작용하지 않는다. 보통 사람들은 악업의 짐에 짓눌린다면, 깨달은 사람들에게는 악업이 무거운 짐처럼 여겨지지 않는다. 실제로, 깨달은 사람은 자신이 지은 악업을 오히려 잘 돌려 쓴다.

님 이름을 부를지라도 그 선근과 복덕이 헤아릴 수 없이 크다. 하물며 일심으로 부처님 명호를 부르면 그 선근과 복덕이 얼마나 크겠는가?

부처님 명호를 부르면 곧바로 감응이 온다. 도장을 찍고 들어 올려, 아미타불과 그의 성중(聖衆)들이 옴이 없이 와서 우리

그가 해를 끼친 사람을 돕는 데 이용한다는 것이다. 예를 들면, 두 형제가 해변에서 승부를 건 놀이를 한다고 하자. 형이 한 순간 욕심을 내어 동생을 속이자, 동생이 흥분하여 화를 냈다. 그들의 아버지는 놀이라는 것이 단지 거짓꾸밈에 불과하여 실제로 얻는 것도 잃는 것도 없음을 가르쳐 주자 형이 깨달았다. 그는 이제 동생의 노여움을 기꺼이 받아들인다. 뿐만 아니라 동생도 자신과 마찬가지로 이해할 수 있도록 돕기 위해 애쓴다.

죄인이 정토에 왕생할 수 있는 또 다른 이유는 아미타불의 타력(他力) 덕분이다.

한 알의 작은 모래알도 물 위에 떨어지면 곧 가라앉는다. 반면에, 돌덩어리는 아무리 크고 무거워도 배에 실어 한 곳에서 다른 곳으로 쉽게 이동할 수 있다. 정토수행자의 경우도 마찬가지이다. 죄업이 아무리 가벼워도 아미타불에게 구조되지 않으면, 생사의 윤회에서 벗어날 수 없다. 아미타불의 도움이 있으면, 죄업이 아무리 무거워도 정토왕생을 할 수 있다.(Questions of King Milindra, in Thich Thien Tam, Buddhism of Wisdom and Faith, sect. 68 A)

를 인도하려고 손을 내민다. 아미타불의 명호를 부르는 사람은 마음속에 그분을 인식하고, 감이 없이 정토에 가서 보석으로 된 연꽃에 태어난다.

경에서 말하는 '착한 남자와 착한 여자들'은 스님이거나, 재가 불자이거나, 신분의 귀천이나 나이의 노소를 가리지 않는다. 육취(六趣)와 사생(四生)의 어느 곳에 있든, 지금 부처님 명호를 들을 수 있다는 사실은 수많은 겁을 통하여 쌓아온 선근(善

❶⓼ | 다음 구절을 보자.

환생의 문제에 대하여, Hsing An 선사는 『아미타경』의 "너희들은 적은 선근과 복덕의 인연으로는 정토에 왕생할 수 없다"라는 설법을 인용하여 다음과 같이 말했다. "따라서 당신들은 정토에 왕생하려면 수많은 복덕과 선근을 쌓아야 한다. 그러나 수많은 선근을 심기 위해서는 보리심을 개발하는 것보다 더 좋은 길이 없고, 복덕을 쌓기 위해서는 아미타불을 부르는 것보다 더 좋은 방법이 없다. 한 순간 일심으로 명호를 부르는 것이 여러 해 보시한 것보다 낫다. 진심으로 보리심을 내는 것이 여러 겁 동안 수행한 것보다 낫다. 이 두 가지 원인을 굳게 붙들면 틀림없이 정토에 왕생한다." (Thich Thien Tam, Buddhism of Wisdom and Faith, sect. 11)

보리심을 내는 것이 정토불교에서 매우 중요하다. 보리심이 없이는 모든 중생을 도와 완전히 깨닫도록 하겠다는 부처님들의 궁극적 의도를 실현할 수 없다.

根)이 무르익어, '착하다' 라고 부를 자격이 있음을 의미한다. 이것은 오역(五逆)과 십악(十惡)을 지은 사람들도 마찬가지다.

'아미타불'은 무한한 공덕을 모두 다 포함하는 명호이다. 공덕을 불러오려고 아미타불의 명호를 부르면 모든 공덕이 생겨난다. 이리하여, 아미타불의 명호를 부르는 것이 바른 수행이다. 관상(觀想)이나 참구(參究) 같은 다른 수행을 할 필요가 없다. 아미타불의 명호를 부르는 것이 가장 간단하고 가장 직접적인 방법이기 때문이다.

부처님의 명호를 듣고 이를 믿고, 또 믿어 발원하면 곧 부처님 명호를 즐겨 부르게 된다. 믿음이 없고 발원도 하지 않으면 마치 (부처님 명호를) 전혀 듣지 않은 것 같다. 단지 부처님 명호만 듣고 믿음도 발원도 내지 않으면 오랜 세월이 흐른 뒤에 깨달음을 이루는 원인이 될지는 모르겠지만, '들어서 얻는 지혜(聞慧)'라고 할 수는 없다.

부처님의 명호를 부르는 것은 부처님 명호를 매 순간 생각하는 것이다. … 따라서 이것은 '들은 것을 생각해서 얻는 지혜(思慧)'라고 한다.

부처님의 명호를 부르는 수행에는 두 가지 수준이 있다. 즉 현상적 수준에서 부처님 명호를 부르는 것[事持]과 내적 진리[본체]의 수준에서 부처님의 명호를 부르는 것[理持]이다.

1. 현상적 수준에서 부처님의 명호를 부르는 것은 아미타불이 서방의 정토에 계신다고 믿지만, 아직 마음이 부처님을 만들어 낸 것이고, 또 이 마음이 부처님임을 이해하지 못하는 것이다. 그것은 마치 어린아이가 어머니를 그리워하여 단 한 순간도 잊지 못하는 것처럼 정토에 왕생하기를 바라고 결심하여 발원하는 것을 의미한다.

2. 내적 진리(본체)의 수준에서 부처님 명호를 부르는 것은 아미타불과 그의 서방 정토가 우리의 (청정한) 마음이 본래 지닌 모습이고, 우리의 (청정한) 마음이 만들어 낸 것임을 믿는 것이다. 그것은 본래 우리 마음에 있고 우리 마음이 만들어 낸 아미타불의 위대한 명호에 초점을 맞춰 집중하여 그것을 단 한 순간도 결코 잊지 않는 것을 의미한다.

아미타경에서는 아미타불의 명호를 하루에서 이레간 부르는 것으로 우리가 일심을 이루는 기간을 정한다. 이 구절은 두 가지로 해석할 수 있다.

첫째, 날카로운 근기를 가진 사람은 하루만 부처님 명호를 불러도 일심을 이룰 수 있음을 말한다. 우둔한 근기를 가진 사람은 이레간 부처님 명호를 불러야 완전한 일심염불에 이를 수 있다. 중간 근기를 가진 사람은 일심염불에 이르는데 이틀에서 엿새가 걸린다고 해석할 수 있다.

둘째, 날카로운 근기를 가진 사람은 이레 동안 일심염불을 지속할 수 있지만, 우둔한 근기를 가진 가람은 오직 하루만 지속할 수 있고, 중간 근기를 가진 사람은 이틀에서 엿새 동안 지속한다고 해석할 수 있다.

일심(산란하지 않은 한 마음) 수행에도 두 가지 종류가 있다.

첫째, 현상적 수준이든 내적 진리의 수준이든 부처님 명호를 모든 번뇌(노여움, 탐욕, 무지 등등)를 누르고 견혹(見惑)과 사혹(思惑)이 다할 때까지 부르면 이것이 현상적 수준에서 일심이다.

둘째, 현상적 수준이든 내적 진리의 수준이든 아미타불의 명호를 마음이 열려 자기의 본래 부처를 볼 때까지 부르면 이것이 내적 진리의 수준에서 일심이다.

현상적 수준의 일심은 견혹이나 사혹에 어지럽혀지지 않고, 내적 진리의 수준에서의 일심은 본질과 형상, 열반과 생사, 부처와 중생의 이중성에 미혹되지 않는다. 이것이 '수행에서 오는 지혜(修慧)'이다.

만약 임종의 순간에 견혹과 사혹에 구속되지 않으면 아미타불이 화신(化身)으로 모든 성중과 함께 눈앞에 나타나게 될 것이다. 그러면 마음이 더 이상 세속적 '사바' 세계의 특징인 욕망

(慾), 형상(色)과 형상 없음(無色)에 미혹되지 않고, 아미타불 정토의 범성동거토나 방편유여토에 태어나게 될 것이다.

만약 임종의 순간에 이중성에 의하여 미혹되지 않으면 아미타불이 보신(報身)으로 모든 성중과 함께 눈앞에 나타나게 될 것이다. 그러면 마음은 더 이상 생사와 열반에 미혹되지 않고 아미타불 정토의 실보장엄토나 상적광토에 태어나게 될 것이다.

우리는 아미타불의 명호를 부르는 것이 간단하고 직접적인 방법일 뿐만 아니라, 또한 갑자기 완전한 깨달음을 얻는 방법임을 마땅히 알아야 한다.

왜냐하면 부처님의 이름을 부를 때, 매 순간 부처님과 합치히므로 관상이나 참구할 필요도 없이 즉시 남음도 부족함도 없는 완전한 광명을 보게 되기 때문이다. 최상의 근기를 가진 사람들도 이 수준을 넘을 수 없고, 최하의 근기를 가진 사람들도 이 수준에 이를 수 있다. 물론 아미타불이 사람들에게 나타나는 방법이나, 사람들이 태어나는 정토의 수준은 각자의 근기에 따라 다르다.

아미타불의 명호를 부르는 방법이 모든 종류의 불교, 즉 '팔교오시(八敎五時: 천태종에 따른 부처님 일생의 모든 가르침)'를 포함한다. 이리하여, 이것은 부처님 자비의 가장 완전한 표현으로서 질문 없이 자발적으로 펴신 가르침이다. 얼마나 불가사의한 능력인가?

문 __ 『관무량수경(觀無量壽經)』은 오로지 관상(觀想)에 대해 철저하게 설명하고 있다. 왜 관상이 필요 없다고 말하는가?

답 __ 이 생각은 바로 『관무량수경』에서 나왔다. 아미타불의 보신에 집중하는 수승한 관상의 형태는 보통사람들의 정신적 능력을 초월하므로, 경은 또한 제13관(觀)에서 즉 더 낮은 등급의 관상인 아미타불의 화신, 즉 육체적 모습에 집중하는 것을 소개한다. 그러나 업장이 무거운 사람들은 이러한 방법으로도 아미타불에 집중할 수 없기 때문에 경은 제16관(觀)에서 아미타불의 명호를 부르는 법을 가르친다. 아미타경은 지금이 말세이고, 업장이 무거운 사람들이 많기 때문에 제16관의 아미타불 이름을 부르는 것에 집중한다.

문 __ 천기(天奇)나 독봉(毒峯) 같은 선사들은 선의 화두인 '아미타불을 부르는 자가 누구인가?'를 참구하도록 하였다. 왜 화두를 참구할 필요가 없다고 하는가?

답 __ 이 생각은 바로 천기 선사와 다른 선사들로부터 나왔다. 천기 선사는 부처님의 명호를 부르는 사람들이 이를 가르친 석가모니의 자비심을 이해하지 못하고 있음을 수수방관하기

싫었다. 그래서 이 사람들을 도와 우리의 진심인 아미타불의 명호를 부르는 진정한 의미를 각성하도록 해서, 우리가 방황하는 미혹한 마음으로 부처님 이름을 부르지 않도록(즉, 미혹되어 방황하는 생각이 없이 일심으로 염불하도록) 이 질문을 제시하였다. 이 가르침은 마치 긴 밤이 지나고 새벽이 돌아오는 것과 같다.

만약 우리가 천기 선사의 충고를 따라 '부처님의 명호를 부르는 자가 누구인가?'를 참구하여 마음을 가라앉히고 완전히 집중하여 아미타불의 명호를 부르지 않는다면, '우리의 조부모(마음)를 공격하기 위해 문을 치는 벽돌 조각'을 쥐고 있는 것이다. 우리의 스승인 선사들에게 순종하고 착해지기보다 오히려 그분들에게 거역하고 악행을 하는 것이다.

문 ― 부처님의 명호를 불러 마음을 가라앉히는 사람들은 좋으나, 마음을 가라앉히려 하지 않는 사람들은 어떻게 부처님 마음과 합치할 수 있을까?

답 ― 오호라! 천기 선사가 부처님의 명호를 불러 마음을 가라앉혀 부처님 마음과 합치하도록 요구하는 이유는 바로 당신이 그렇게 하려고 하지 않기 때문이다. 당신이 아직 진실한 믿음을 내지 않았으므로 마치 두꺼운 가죽 눈가리개를 쓰고 있어 그것을 꿰뚫고 볼 수 없는 것과 같다. 눈이 있는 사람은 태양이 비추고 있을 때 등불을 밝힐 까닭이 없음을 알아야 한다. - 왜 장님이 이 밝은 대낮에 애써 등불을 찾으려고 하겠는가?

대세지보살(정토의 성인)은 염불삼매에 불을 붙이는 거대한 불덩어리와 같은 말을 했다. "부처님을 부르지 않는 다른 방편으로는 마음을 깨칠 수 없다." 누가 감히 이런 말을 범할 수 있겠는가? 어떻게 화상을 입지 않겠는가?

문 __ 임종에 임박한 정토수행자에게 아미타불이 나타날 때, 악마가 아니라고 어떻게 확신할 수 있겠는가?

답 __ 염불하지 않던 선 수행자에게 갑자기 뜻밖에 부처님이 나타나면, 이것은 악마(미혹)라고 할 수 있다. 정토 수행자는 부처님에 집중하면서 부처님을 본다. 따라서 그의 경우에는 원인과 결과가 일치하여, 그의 마음은 부처님의 마음과 합치한다. 따라서 이때 나타나신 부처님은 악마가 아니다. 이것에 대하여 걱정할 필요가 없다.

문 __ 경에서 부처님 이름을 이레 동안 일심으로 부른다고 설할 때, 이것은 보통 때를 말하는가, 아니면 임종할 때를 말하는가?

답 __ 이것은 보통 때를 말한다.

문 __ 만약 이레 동안 산란하지 않은 마음, 일심으로 부처님 이름을 부르고, 그 후에 미혹되어 악업을 짓는다면 그래도 정토에 왕생할 수 있을까?

답 __ 일심으로 부처님 이름을 부를 수 있었다면 다시는 미혹되거나 악업을 짓지 않는다.

문 __ 『대본무량수경(大本無量壽經)』에서는 부처님 명호를 열 번 부르면 정토에 왕생한다고 설한다. 『염불삼매보왕론(念佛三昧寶王論)』에서는 단 한 번 부처님 명호를 부르면 정토에 왕생한다고 한다. 보통 때를 말하는 것인가, 아니면 임종할 때를 말하는 것인가?

답 __ 부처님 명호를 열 번 불러 정토에 왕생하는 것은 두 가지 경우에 적용된다. 매일 아침 부처님 명호를 열 번 부른다면 이것은 보통 때의 경우이다. 반면에, 대본아미타경은 열 번 불러 왕생한다고 설한다(이것은 관무량수경에서 설한 바와 같다).- 이것은 임종할 때를 말한다. 『염불삼매보왕론』에서 단 한 번 부처님 명호를 불러 정토에 왕생한다는 구절은 임종할 때를 말한다.

문 __ 만약 부처님 명호를 열 번 부르거나 아니면 단 한 번 불러 정토에 왕생할 수 있다면, 왜 아미타경에서 설한 바와 같이 이레 동안 부를 필요가 있겠는가?

답 __ 보통 때에 부처님의 명호를 이레 동안 일심으로 부르는 수행을 하지 않았다면, 죽음에 임박하여 어떻게 열 번이나 아니면 단 한 번이라도 부를 수 있겠는가?

많은 악행을 범한 사람이 죽음에 임박해서 전생의 착한 원인이 무르익어 착한 친구를 만나 그의 가르침을 듣고 믿음과 서원을 낼 수 있는 것은 백만 분지 일의 확률에 지나지 않는다. 그 사람이 어떻게 그렇게 운이 좋을 수 있겠는가? 천여칙(天如則) 선사는 『정토혹문(淨土或問)』이라는 책에서 죽을 때까지 부처님 명호 부르기를 기다리자는 생각에 대해 자세히 반박하였다.[19] 오늘날 사람들이 이 책을 읽어 보아야 한다.

문 __ 아미타불의 정토가 여기서부터 10만억 불토를 지나 있다면, 어떻게 한 순간에 그 곳에 태어날 수 있을까?

답 __ 기본적으로 진심(眞心)밖에 아무것도 없으므로, 10만억 불토가 한 순간의 생각 너머에 있는 것이 아니다. 우리 마음에 본래 있는 부처님의 힘에 의지한다면, 한 순간에 정토에 왕

---

[19] | 『정토혹문(淨土或問)』은 Pure Land Buddhism: Dialogues with Ancient Masters(Thich Thien Tam, tr)에 수록되어 있다.

생하는 것이 뭐가 그렇게 어렵겠는가?

그것은 마치 산과 강과 탑들로 이루어진 수많은 층의 풍경이 한 거울에 비추는 것과 같다. 거울 속에 수많은 층들이 겹겹이 나타나지만, 실제로 거기에 멀고 가까움이 없다. 모든 것이 단박에 비추고, 앞뒤가 없이 나타난다. 『아미타경』에서 "여기에서 십만 억 불국토를 지나면 '극락'이라고 하는 세계가 있다."라고 설하는 것도 이와 같은 이치다. 또한 "그 국토에 아미타불이 계시어 지금도 법을 설하신다."라고 설할 때도 역시 사실이 이와 같다.

믿음과 서원을 내어 아미타불의 명호를 부르던 사람이 죽을 때, 아미타불과 모든 성중들이 그 사람 앞에 나타난다는 것도 또한 사실이 이와 같다. 그 사람이 죽으면서 마음이 미혹되지 않는다면 즉시 아미타불의 극락정토에 왕생한다는 것도 사실이 이와 같다. 경에서 설한 모든 말이 해인삼매(海印三昧)의 대원경지(大圓鏡智)에 나타나 있음을 알아야 한다. [20]

문 __ 부처님의 명호를 부르는 것은 부분적이고 보조적인 수행이다. 왜 이것을 주된 수행이라 하는가?

답 __ 한 마음(一心)에 의지하여 일으키는 믿음, 발원과 수행을 말한다. 그러나 여기에 앞뒤의 순서가 있는 것이 아니고,

세 가지를 고정된 정의(定義)로 말하는 것도 아니다. 발원과 수행이 없이 진정한 믿음을 말할 수 없다. 수행과 믿음이 없이 진정한 발원을 말할 수 없다. 믿음과 발원이 없이 진정한 수행을 말할 수 없다.

믿음과 발원에 의지하여 부처님의 명호를 부른다. 따라서 믿음과 발원과 수행이 서로 다른 세 가지로 보이지만, 이 세 가지 모두가 부처님의 명호를 부를 때마다 온전히 갖추어진다. 이것이 부처님의 명호가 무수한 선근과 공덕의 인연이 되는 이유이다. 『관무량수경』에서 부처님의 명호를 부르는 매 순간 80억 겁의 생사의 죄가 없어진다고 설한 것은 이것을 의미한다. 위대한 공덕과 선근 없이 어떻게 이렇게 큰 죄를 없앨 수 있겠는가?

---

⑳ | 해인삼매(海印三昧): 여러 경전에서, 특히 『화엄경』에서 언급한 최고 수준의 선정 상태. 마음을 바다에 비유하고 있다. 마음이 고요하여 단 하나의 물결도 일어나지 않으면 전 우주의 과거, 현재, 미래의 모든 것들을 비출 수 있다.

대원경지(大圓鏡智): 모든 것을 꿰뚫어보는 부처님의 지혜로서 전 우주처럼 거대한 둥근 거울에 비유된다.

문 __ 죽음에 임박해서 부처님의 명호를 맹렬하게 부르면 많은 죄를 없앨 수 있다. 보통 때에도 부처님 명호를 일심으로 부르면 같은 결과를 가져올 수 있을까?

답 __ 태양이 나오면 모든 어둠이 사라진다. 아미타불의 위대한 명호를 부르면 수많은 죄가 없어진다.

문 __ 산란한 마음으로 부처님의 명호를 불러도 또한 죄를 없앨 수 있을까?

답 __ 부처님 명호의 공덕은 불가사의하다. 어찌 죄를 없앨 수 없겠는가? 그러나 산란한 마음으로 부처님 명호를 부르면 정토왕생을 보장할 수 없다. 왜냐하면 집중하지 않고 산란한 마음으로 불러 생기는 선근은 시작 없는 때부터 쌓은 죄를 대적할 수 없기 때문이다.

만약 우리가 쌓은 죄업이 물리적 몸을 가진다면 전 우주도 이를 담을 수 없음을 알아야 한다. 부처님의 명호를 부를 때마다 80억겁 동안 나고 죽으면서 지은 죄가 없어진다. 그러나 백 년간 부처님의 명호를 밤낮으로 부른다 해도 없어진 죄의 양은 손톱 밑의 흙과 같고, 남아 있는 죄의 양은 지구의 모든 흙과 같다.

모든 죄를 없애는 유일한 방법은 부처님의 명호를 일심이 되도록 집중하여 부르는 것이다. 이것은 마치 힘센 병사가 포위망을 뚫는 것과 같아, 세 군대[三軍: 삼혹(三惑). 역주]가 더 이상 그를 가둘 수 없는 것과 같다. 그리고 어떤 경우에도 부처님의 명호를 부르는 것은 깨달음의 씨앗이 된다. 그것은 마치 부수어버릴 수 없는 금강석과 같다.

석가모니 부처님께서 계실 때, 한 노인이 스님이 되기를 청했다. 오백 명의 비구니들이 모두 그에게 선근이 없어서 출가할 수 없다고 말했다. 그러나 부처님께서 말씀하셨다. "헤아릴 수 없이 아주 오래 전 어느 날 이 사람이 호랑이에게 쫓기다 '나무아미타불' 하고 외쳤다. 이제 그 일에서 비롯한 선근이 무르익었다. 그는 나를 만나 길을 찾았다. 이것은 소승의 수행자들이 알 수 있는 일이 아니다."

『법화경』의 가르침과 함께, 이 이야기는 사람들이 부처님 명호를 산란한 마음으로 부를지라도 성불의 씨앗을 심었다는 것을 보여준다. 어찌 우리가 이를 믿지 않을 수 있겠는가?

내 소박한 희망은 여러분이 재가불자든 출가자든, 영리하든 우둔하든, 간단하고, 쉽고, 빠르고, 위없는 원돈정토법문(圓頓淨

㉑ | 원돈정토법문(圓頓淨土法門): 원돈법문은 천태종에서 가르침이 완전하고(圓) 갑자기 깨달음을 얻게 한다(頓)는 뜻으로 사용하는 용어이다. 여기서는 정토법문이 원돈법문이라는 의미이다.

土法門)을 긍정적으로 수용하는 것이다. |㉑ 이 길을 어렵다고 생각하고 뒷걸음질치지 말라. 쉽다고 생각하고 자만하여 게으름 피우지 말라. 천박하다고 생각하고 경멸하지 않도록 하라. 심오하다고 생각하여 감당할 수 없다고 하지 말라.

우리가 부르는 아미타불의 명호는 실로 불가사의하다. 그러나 그 명호를 부르는 사람들의 진심 또한 실로 불가사의하다. 부처님의 명호를 한 번 부르면 그 소리가 지속하는 동안 당신은 불가사의하다. 명호를 열 번 또는 백 번, 천 번, 백만 번 또는 무수히 부르면 그 소리가 지속하는 동안 당신은 불가사의하다.

아미타경의 다음 구절에서, 부처님은 반복하여 권유한다.

> 사리불이여, 나는 이러한 이익을 보았기 때문에 이 말을 하는 것이다. 중생들이 이 말을 들으면 마땅히 그 국토에 태어나도록 발원해야 한다.

부처님께서는 '이러한 이익을 보았다'라고 설하신다. 부처님께서 이익을 보신 것은 지극히 분명한 사실이다. 부처님께서 보신 이익은 중생이 부처님 명호를 부름으로써 오탁악세를 초월하여, 극락세계의 네 국토에 왕생하여 다시는 물러나지 않는 지위에 오르는 것이다. 이 이익은 부처님 명호의 불가사의한 공덕에 의하여 이루어진다.

우리가 죽을 때 얻는 이익은 마음이 미혹하여 전도되지 않는 것이다. 이 더럽고 거친 세상에서 단지 자력 수행에만 의지한다면, 생과 사의 결정적 갈림길에서 힘을 얻기가 지극히 어렵고 힘들다.

죽음에 임했을 때 없애지 못한 작은 악업이라도 남아 있다면 불행한 환생을 하게 된다. – 이것은 무지해서 그릇된 수행을 하고 미혹한 지혜를 믿었든지, 아니면 다소 깊은 깨달음을 얻고 바른 행동을 하였든지 간에 그와 무관하게 적용된다.

정토종의 영명(永明) 조사가 말했다. "선을 참구한 열 사람 중 아홉이 길을 잃는다. 죽을 때 미혹의 장면들이 나타나면 곧 따라가 버린다." 이것은 진정 한심한 일이다! 아라한들도 자궁에서 나올 때 다시 미혹해지고, 보살들도 죽음에 이어 뒤따르는 환생에서 깜깜해진다. 자, 죽음의 순간에 여러분이 어떻게 강력한 주인 노릇을 할 수 있겠는가? 만약 여러분이 그렇게 운이 좋을 수 있다고 기대한다면 어리석기 그지없는 바보라 할 수 있을 것이다.

해탈하는 유일한 길은 믿음과 서원을 갖고 부처님 명호를 부르고 타력(他力)에 의지하는 것이다. 아미타불의 자비로운 서원은 분명히 공허한 약속이 아니다. 믿음과 서원을 갖고 부처님 명호를 부르면 우리가 죽을 때 아미타불과 성중(聖衆)이 나타나 우리를 인도할 것이다. 그렇게 함으로써 우리는 틀림없이 쉽게 정토에 태어나게 될 것이다.

부처님께서는 중생의 가장 큰 비극이 죽음의 순간에 혼란으로 떨어지는 것임을 아시고, 이 정토의 가르침을 우리에게 주셨다. 그렇기 때문에 부처님은 거듭하여 우리에게 발원하도록 권유하신다. 왜냐하면 발원이 우리를 인도하기 때문이다.

문 __ 마음이 부처님을 만든 것이고, 부처님이 마음이라면, 왜 우리 자신의 부처님을 최상이라고 하지 않는가? 왜 다른 부처님인 아미타불이 더 좋다고 하는가?

답 __ 정토의 가르침은 모두 아미타불이 바로 우리 자신의 불성이고 우리의 마음임을 이해하는 것이다. 만약 우리가 오해하여 부처님을 '남'으로 부른다면 미혹한 견해의 한 형태에 떨어진다. 만약 우리가 자신의 부처님을 지나치게 강조하면, 이 또한 다른 형태의 미혹한 견해이다. 둘 다 옳지 않다.

아미타불의 명호를 현상적 수준[事]과 아울러 내적 진리의 수준[理]에서 부름으로써, 아미타불과 성중이 우리 앞에 나타난다. 이것은 우리 본래의 진성(眞性)이 드러나는 것이다. 또한 우리는 정토에 왕생하여 아미타불을 뵙고 설법을 듣는다. 이것은 우리 진성의 지혜의 몸(慧身)을 성취한 것이다. 이것은 우리 아닌 다른 어떤 것을 통하여 깨닫는 것이 아니다.

정토의 가르침은 심오하고 불가사의하다. 모든 궤변을 부수고 모든 미혹한 생각을 잘라낸다. 오직 마명(馬鳴), 용수(龍樹), 지자(智者)와 영명(永明)과 같은 지혜를 가진 분들만이 이를 철저히 감당할 수 있다. 세속적인 지혜를 가진 사람들, 유학자들과 선 수행자들은 아무리 이해하려고 노력하지만, 더 많이 생각할수록 더욱 더 멀어진다. 부처님의 지혜에 이르고 불가사의한 도(道)에 합치할 수 있는 가능성에서 보자면, 이들은 지식이 아무리 많고 수행 이력이 높다 할지라도 정성을 다하여 부처님 명호를 부르는 보통사람들만도 못하다.

"나는 이러한 이익을 보았기 때문에 이 말을 한다."

부처님의 눈과 목소리가 분명히 이 진리를 확인하는데 어찌 감히 우리가 이에 거스를 수가 있겠는가? 우리가 수용할 수밖에 없지 않겠는가?

이리하여 경의 정종분에 관한 주해가 끝난다.

믿음과 서원을 내어 부처님 명호를 부르는 정토수행법은 모든 다른 불교의 방법을 완전히 포함하고 또 초월한다. 수직적으로 이 법은 모든 불교의 가르침들과 섞이어 같아지고, 수평적으로 그들과 떨어져 있다.

부처님은 질문을 받지 않았는데도 스스로 정토불교의 가르침을 펴셨다.|❷ 누가 이 법을 찬탄하고 전파하는 데 어울릴까? 오직 부처님이 부처님과 뜻이 통할 때, 모든 가르침들의 절대적 실상을 완전히 나타낼 수 있다. 아미타경은 부처님의 경계에 관한 것이므로 오직 부처님으로부터 부처님에게 전할 수 있을 따름이다.

❷ |『아미타경』은 '자진해서 말씀하신' 불교 경전에 속한다.

『아미타경』의 이치가 연각이나 보살들이 이해하기엔 너무 심오하고 미묘하여, 아무도 정토법문을 요청하지 않았다. 그럼에도 불구하고 그것이 밝혀져야 하므로 부처님께서 자진하여 이렇듯 매우 중요한『아미타경』을 설하신 것이다. 이 경은 법이 시드는 말법시대에 마지막으로 사라질 경이므로 몇 배나 더 중요한 것이다.(Master Hsuan Hua, A General Explanation of the Buddha Speaks of Amitabha Sutra [The Amitabha Sutra], p. 1)

『아미타경』외에 (보살의 고상한 계율을 포함한)『범망경(梵網經)』과 (최상의 대승경전인)『화엄경』만이 자진해서 말씀하신 것으로 잘 알려진 경전이다.

가장 중요한 목표는 산란하지 않고
통일된 마음(즉, 일심)으로 부처님의 명호에 집중하는 것이다.

유통분

대부분의 다른 경전들처럼 아미타경 역시 마지막 부분은 유통에 관한 것이다. 이 부분은 두 단락으로 나뉘어 있다. 이 가르침을 수용하라는 권유와 격려로 끝을 맺는 말씀이다. 석가모니 부처님께서 말씀하신다.

　　사리불이여, 지금 내가 아미타불의 불가사의한 공
　　덕의 이익을 찬탄한다.

아미타불의 공덕은 다섯 가지 의미에서 불가사의하다. | ❷
첫째, 아미타불은 우리로 하여금 모든 미혹을 끊을 때까지 기다릴 필요 없이 삼계(三界)를 '수평적'으로 초월할 수 있게 한다.
둘째, 아미타불의 정토는 네 국토(범성동거토, 방편유여토, 실보장엄토, 상적광토)를 모두 포함하여 한 국토에서 다른 국토로 단계적으로 나아갈 필요가 없다(즉, 정토에 한 번 왕생하면 결코 물러나지 않는다).

셋째, 아미타불의 공덕으로 참선(參禪)이나 관상(觀想) 등 다

---

❷❸ | 『아미타경』은 '복덕'이 아니고 '공덕'이라는 단어를 사용함을 유의하라.

'복덕'과 '공덕'이라는 두 용어는 때로 차별하지 않고 같은 의미로 사용한다. 그러나 매우 중요한 차이가 있다. 복덕은 인간이나 천계에서 갖는 (부, 지성 같은) 축복이다. 따라서 일시적이고 생사(生死)에 구속된다. 반면에, 공덕은 생사를 초월하여 성불로 인도한다. 동일한 행동(예: 보시)이 수행자의 마음에 의하여, 즉 그가 세상의 보상(복덕)을 구하는지 아니면 초월(공덕)을 구하는지에 따라 복덕이 될 수도 있고 공덕이 될 수도 있다.

예를 들면, 어떤 사람이 대학에 교수 자리나 병원 한 동을 그의 이름을 남기려고 기증한다면, 그는 내생에 복을 받을 것이다. 그러나 그 사람이 불교를 수행함으로써 버림과 집착하지 않음을 닦으려고 기증한다면 그는 공덕을 쌓을 것이다. 그는 앞서보다 깨달음에 한 걸음 더 다가갈 것이다. 이러한 공덕은 '초월적'임에 반하여, 복덕은 '조건적'이며 생사의 경계 안에 있다. 이러한 구별이 『금강경』이나 『화엄경』 같은 대승경전에 나타나는 과장된 어구로 보이는 것들을 이해하는 데 매우 중요하다. 따라서 정토수행자들은 복을 구해서는 안 된다. 왜냐하면 복을 구하는 것은 실제로 생사의 윤회 속에 남는 것을 선택하는 것, 바로 생사를 벗어나려는 바람을 거스르는 것이기 때문이다.

른 방법에 의지할 필요 없이 단지 그 명호만 불러도 제도될 수 있다.

넷째, 아미타불의 공덕으로 수많은 겁(劫)과 수많은 생을 수행할 필요 없이 하루에서 이레 만에 제도될 수 있다.

다섯째, 아미타불 한 부처님의 명호를 부르면 모든 부처님들이 보호하고 염려하신다.

이 모든 것이 우리의 인도자이자 스승인 아미타불의 위대한 서원과 공덕의 결과이다. 이것이 부처님께서 '아미타불의 불가사의한 공덕의 이익'을 말씀하신 이유이다.

뿐만 아니라, 정토수행자들이 믿음과 서원으로 부처님 명호를 부르면, 아미타불의 모든 공덕을 끌어 모아 자신의 것으로 만든다. 이것이 부처님이 '아미타불의 불가사의한 공덕의 이익'을 말씀하신 또 하나의 이유이다.

석가모니 부처님께서는 뒤이어 '모든 부처님의 불가사의한 공덕'과 또한 '나의 불가사의한 공덕'에 대해 말씀하신다. 여기에서 석가모니 부처님께서는 모든 부처님들과 당신 자신이 모두 아미타불의 공덕을 자신들의 공덕으로 여기고 있음을 말씀하신다.

동방에도 역시 아촉비불(阿閦鞞佛), 수미상불(須彌相佛), 대수미불(大須彌佛), 수미광불(須彌光佛), 묘음불(妙音佛) 등 항하(恒河: 갠지스강. 역주)의 모래알처럼 수많은 여러 부처님들이 각기 그 세계에서 넓고 긴 혀를 내어 삼천대천세계를 덮으시고 진실한 말씀으로 "너희 중생들은 불가사의한 공덕의 칭찬과 모든 부처님들이 보호하고 염려하시는 이 경을 믿어라." 하셨다.

'아촉비(阿閦鞞)'는 '움직일 수 없음(不動)'을 의미한다. 모든 부처님들이 헤아릴 수 없이 많은 공덕을 가지므로 가르치는 상황에 따라 가르침에 따라 부처님들은 헤아릴 수 없이 많은 명호들을 갖고 있다. 부처님의 명호들은 때로는 원인이 되는 조건에 의하여, 때로는 이루어진 결과에 의하여, 때로는 본래의 성품에 의하여, 때로는 겉보기 모습에 의하여, 때로는 수행, 또는 서원, 또는 다른 것들에 근거한다.

비록 각각의 명호가 불성의 한 측면만 가리키지만, 각각의 명호는 부처님이 불러오는 네 가지 이익을 포함한다. 즉, 믿음이 즐거운 것, 남을 돕는 것, 악을 없애는 것, 절대적 진리를 보는 것 등이다. 부처님들의 각각의 명호는 불성의 한 특별한 덕성을 보여준다. 만약 깨달은 존재들의 모든 덕성을 다 말하자고

하면, 시간이 다하도록 말해도 결코 끝나지 않을 것이다.

동쪽으로 무한한 허공이 있고, 그 곳에 무한한 수의 세계들이 있다. 무한한 수의 세계들이 있으므로 그 세계에 사는 무한한 수의 부처님들이 있다. 그래서 경전에서는 '항하의 모래알처럼 수많은 여러 부처님들'이라고 설한다. 이 모든 부처님들은 달변으로 우리에게 아미타경에 믿음을 내라고 권하신다. 우리 중생들이 아직도 이 경에 믿음을 내지 못 한다면, 참으로 어리석고 어둡기 짝이 없는 것이다.

부처님의 전통적인 특징의 하나는 '길고 넓은 혀'이다. 보통 사람이 삼생(三生)에 걸쳐 거짓말을 하지 않으면 그의 혀는 코에 닿을 만큼 길어진다. 아미타경에서 부처님들은 불가사의한 대승 정토의 가르침을 증명한다. 그러므로 그들의 혀는 한 삼천대천세계를 덮을 만큼 길고 넓다. 이것은 그 가르침이 진정으로 절대적 실재와 일치함을 상징한다. - 그것은 사실이지 허구가 아니다.

현재 세간에 유통되고 있는 이 경의 제목인 불설아미타경(佛說阿彌陀經)은 번역의 달인인 구마라집(鳩摩羅什) 대사가 중국 사람들이 간략함을 좋아하는 것을 알고 지은 것이다. 그것은 부처님의 명호를 부르는 불가사의한 수행에 절묘하게 잘 맞는다. 현장(玄奘) 대사는 이 경을 조금 더 긴 제목인 『칭찬정토 불섭수경 (稱讚淨土 佛攝受經)』이라 번역하였다. 두 번역은 스타일에서는 차이가 나지만 뜻에서는 더하고 덜함이 없다.

사리불이여, 남방 세계에도 일월등불(日月燈佛), 명문광불(名聞光佛), 대염견불(大焰肩佛), 수미등불(須彌燈佛), 무량정진불(無量精進佛) 등 항하의 모래알처럼 수많은 여러 부처님들이 각기 그 세계에서 넓고 긴 혀를 내어 삼천대천세계를 덮으시고 진실한 말씀으로 "너희 중생들은 불가사의한 공덕의 칭찬과 모든 부처님들이 보호하고 염려하시는 이 경을 믿어라" 하셨다.

사리불이여, 서방세계에도 무량수불(無量壽佛), 무량상불(無量相佛), 무량당불(無量幢佛), 대광불(大光佛), 대명불(大明佛), 보상불(寶相佛), 정광불(淨光佛) 등 항하의 모래알처럼 수많은 여러 부처님들이 각기 그 세계에서 넓고 긴 혀를 내어 삼천대천세계를 덮으시고 진실한 말씀으로 "너희 중생들은 불가사의한 공덕의 칭찬과 모든 부처님들이 보호하고 염려하시는 이 경을 믿어라" 하셨다.

'무량수불'은 아미타불과 같은 명호를 갖고 있다. 시방 세계에서 같은 명호를 갖는 부처님은 무수히 많다. 아미타경에서 설한 부처님이 우리의 인도자이자 스승인 아미타불과 같을 수도 있다. 중생을 제도할 목적으로 아미타불이 석가모니 부처님께서 이 경에서 말씀하신 바를 칭찬해서 해로울 것 없다.

사리불이여, 북방세계에도 염견불(焰肩佛), 최승음불(最勝音佛), 난저불(難沮佛), 일생불(日生佛), 망명불(網明佛) 등 항하의 모래알처럼 수많은 여러 부처님들이 각기 그 세계에서 넓고 긴 혀를 내어 삼천대천세계를 덮으시고 진실한 말씀으로 "너희 중생들은 불가사의한 공덕의 칭찬과 모든 부처님들이 보호하고 염려하시는 이 경을 믿어라" 하셨다.

사리불이여, 하방세계에서도 사자불(師子佛), 명문불(名聞佛), 명광불(名光佛), 달마불(達摩佛), 법당불(法幢佛), 지법불(持法佛) 등 항하의 모래알처럼 수많은 여러 부처님들이 각기 그 세계에서 넓고 긴 혀를 내어 삼천대천세계를 덮으시고 진실한 말씀으로 "너희 중생들은 불가사의한 공덕의 칭찬과 모든 부처님들이 보호하고 염려하시는 이 경을 믿어라" 하셨다.

우리 세계의 아래(天底)로도 무한한 수의 삼천대천세계가 있고, 그 너머에도 욕계, 색계, 무색계 등을 포함하는 무한한 수의 삼천대천세계들이 있다.

'법'이라는 단어는 '가르침', '진리', '방법'을 의미한다.

사리불이여, 상방세계에서도 범음불(梵音佛), 수왕불(宿王佛), 향상불(香上佛), 향광불(香光佛), 대염견불(大焰肩佛), 잡색보화엄신불(雜色寶華嚴身佛), 사라수왕불(娑羅樹王佛), 보화덕불(寶華德佛), 견일체의불(見一切義佛), 여수미산불(如須彌山佛) 등 항하의 모래알처럼 수많은 여러 부처님들이 각기 그 세계에서 넓고 긴 혀를 내어 삼천대천세계를 덮으시고 진실한 말씀으로 "너희 중생들은 불가사의한 공덕의 칭찬과 모든 부처님들이 보호하고 염려하시는 이 경을 믿어라" 하셨다.

우리 세계의 위(天庭)로도 무한한 수의 세계가 있다. 이 세계들에도 많은 층들이 있고, 우리 세계처럼 무한히 많은 수준의 욕계, 색계, 무색계를 포함한다.

문 __ 분명히 모든 방향으로 정토들이 있다. 그런데 왜 서방 아미타불의 정토만 특별히 칭찬하는가?

답 __ 이것은 좋은 질문이 아니다. 만약 동방 아촉비불의 정토를 특별히 칭찬한다면 왜 동방만 강조하는지 의아하게 생각할 것이고, 이러한 우스꽝스러운 논의는 계속되어 끝이 없을 것이다.

문 __ 아미타불의 정토 대신에 왜 전 우주에 초점을 맞추지 않는가?

답 __ 세 가지 이유가 있다. 아미타불의 정토에 초점을 두는 이유는 초심자가 보리심을 내기 쉽고, 아미타불의 근본 서원이 가장 강력하고 또 아미타불이 우리 세계의 중생과 특별한 인연이 있기 때문이다.

부처님은 중생을 제도하고, 중생은 부처님의 가르침을 받아들인다. 그러나 이 과정에서 쉽고 어려움과 깊고 얕음에 차이가 난다. - 그것은 모두 업의 인연에 달려 있다.

중생들과의 업의 인연에 따라 부처님은 자비의 공덕을 베풀고 모든 종류의 가르침으로 그들을 인도한다. 부처님은 중생들로 하여금 가르침 속에서 기쁨을 느끼게 하여 믿음을 내게 하고, 전생의 선근을 성장시키도록 자극하고, 미혹의 장벽이 진리를 가리지 못하도록 하고, 자성을 계발하도록 할 수 있다.

근본적으로 모든 부처님들이 법신(法身)으로서 가르침을 편다. 그들은 중생들이 진리와의 인연을 견고히 하여 깨달음의 씨앗을 견고하게 하도록 이끈다. 이 세계에서나 저 너머에서나 부처님들의 행동은 모두 불가사의하게 위대하다. 그들은 가르침의 방편을 드높여 광대한 중생들에게 편다. 그들은 중생들이 사는 고통의 바다 속에 들어가 자비로써 중생들이 고요한 빛(寂光)과 어울리도록 한다. 이리하여 부처님들은 무수한 공덕을 구현하고 최상의 영적 능력들을 축약하여 보여준다.

마지막으로 우리는 깨달음의 씨앗이 조건들의 결과로 맺음을 이해해야 한다. 이러한 조건들이 법계 전체를 이룬다. 부처님이 하나를 생각하면 모든 것들을 생각하는 것이고, 한 법이 생기면 모든 법이 생기는 것이다. 오직 하나의 향기, 하나의 꽃, 하나의 소리, 하나의 형상만이 있을 뿐이다. |❷ 부처님이 우리의 참회를 받아들이고 깨달음의 수기를 주실 때, 우리의 머리를 쓰다듬고 손을 내미실 때, 과거, 현재, 그리고 미래의 시방세

---

❷ | 이 구절은 화엄종의 주된 교의의 하나이다. 모든 것이 본질적으로 단일체인 개념을 나타내는 '모든 것 속의 하나, 하나 속의 모든 것'을 반영한다.

계가 모두 진동한다.

그러므로 이러한 조건들을 '조건부 발생의 법계(法界緣起)'라고 부른다. 이것이 아미타불을 생각하는 것, 시방의 법계와 인연을 맺는 것의 의미이다.

보통사람들은 단지 정토왕생만을 결심해도 되지만, 심오한 수준에 이른 사람들이 아미타불의 서방정토를 저버리고 대신 화장세계(華藏世界, 비로자나불의 우주적 정토)를 찾아서는 안 된다. 만약 아미타불의 정토를 임시방편으로 생각하고 비로자나불의 화장세계를 진정한 실재로 생각한다면, 또 아미타불의 정토를 소승으로 여기고 비로자나불의 화장세계를 대승의 가르침으로 여긴다면, 완전히 허망한 생각과 감정적 집착에 떨어진 것이다 [주 4 참조]. 왜냐하면 일시적 가르침(權敎)과 궁극적 가르침(實敎)이 본래 한 몸이고, 대승이나 소승 같은 범주가 자성(自性)이 없음을 이해하지 못했기 때문이다.

사리불이여, 그대는 어떻게 생각하는가? 왜 이 경을 '모든 부처님들이 보호하고 염려하시는 경'이라 하는가?

사리불이여, 착한 남자와 착한 여자들이 이 경을 듣고 지니거나 여러 부처님의 이름을 들으면 이 착한 남자와 착한 여자들은 모두 모든 부처님들이 보호하고 염려하심이 되어, 아뇩다라삼먁삼보리(阿耨多羅三藐三菩提)에서 물러나지 않게 된다.

그러므로 사리불이여, 그대들은 모두 내 말과 여러 부처님들의 말씀을 믿어야 한다.

이 경은 마음이 무상(無上)임을 온전히 드러내고 있다. 여러 부처님들의 명호들도 위없이 완전하고도 궁극적인 덕성을 드러내고 있다. 따라서 모든 부처님들께서 이 경과 여러 부처님들의 명호를 듣는 사람들을 보호하시고 염려하시는 것이다. 이 경을 듣고 그 가르침을 받아 지닌 사람들은 아미타불의 명호를 끊임없이 부르게 될 것이고, 모든 부처님들께서 아미타 부처님의 명호를 보호하고 염려하게 될 것이다.

문 ── 단지 여러 부처님들의 명호를 듣기만 하고 이 경의 가르침을 받아 지니지 않는 사람들은 어떻게 되는가 ─ 이들도 모든 부처님들이 염려하여 물러남이 없도록 보호하는가?

답 ── 부분적인 대답과 포괄적인 대답이 있는데, 먼저 부분적인 대답은 다음과 같다.

『점찰선악업보경(占察善惡業報經)』에서 산란하고 청정하지 않은 마음으로 부처님 명호를 부르는 사람들은 실제로 부처님 명호를 '듣지 않는 것'이 되어 결정적인 믿음과 이해를 낼 수 없다고 설한다. 그들은 단지 인간과 천상의 복덕만 얻고, 광대하고 심오하고 불가사의한 혜택을 입지 못한다.

일행삼매(一行三昧)에 이르도록 온전히 집중하여 일심으로 부처님 명호를 부르는 사람들은 광대하고 불가사의한 공덕의 마음을 이룬다. 이것을 상사무생법인(相似無生法忍)을 성취한다고 말한다. 이렇게 함으로써 이 사람들은 진정으로 시방 여러 부처님들의 명호를 듣게 된다.

경도 또한 이와 같아야 한다. 경을 들으면, 부처님의 명호를 부름으로써 그 가르침을 실행해야 한다. 부처님의 명호를 일심에 이르도록 부르면, 실제로 여러 부처님들의 명호를 듣는 것이 되어 부처님들이 보호하고 염려하게 될 것이다.

포괄적인 대답은 다음과 같다.

부처님들의 자비는 불가사의하고, 또한 그 명호들의 공덕도 불가사의하다. 따라서 일단 그 명호를 듣기만 하면, 생각하든 안 하든, 믿든 안 믿든, 항상 진리와 인연을 맺는 씨앗이 된다.

뿐만 아니라, 부처님이 중생을 제도할 때 친구와 적을 가리지 않는다. 부처님께서는 지칠 줄 모르고 모든 중생을 제도한다. 만약 그 명호를 듣기만 하여도 부처님께서는 틀림없이 보호해 주신다. 어찌 이것을 의심할 수 있을 것인가?

부처님의 명호를 단 한 번만 들은 사람들도 법신의 본성을 공유하여 장기적으로 깨달음의 원인을 만들고 결코 잃지 않는다.

경은 산스크리트어인 '아뇩다라삼먁삼보리(anuttara-samyak-sambodhi)'를 말하고 있다. 이는 무상의 완전한 깨달음을 의미한다. 이것이 대승의 궁극적 과실이다.

물러나지 않는 지위에 이르렀다고 하는 것은 일생에 성불한다는 것을 달리 말한 것이다. 따라서 부처님께서는 모든 대중에게 이 경이 설한 바를 믿어 받아들이고 또 부처님의 명호를 듣는 공덕이 이러함을 믿으라고 권유하신다. 어찌 우리가 석가모니와 모든 다른 부처님들이 말씀하신 것을 못 믿겠다고 할 수 있겠는가?

이것이 부처님께서 우리에게 이 경에 믿음을 내라고 권유하신 단락의 말미다. 다음에 부처님께서는 우리에게 발원하라고 권유하신다.

사리불이여, 어떤 사람이 아미타불의 세계에 나기를 이미 발원하였거나, 지금 발원하거나, 장차 발원하면 이 사람들은 모두 아뇩다라삼먁삼보리에서 물러나지 않고 저 세계에 벌써 났거나, 지금 나거나, 장차 날 것이다. 그러므로 사리불이여, 신심이 있는 착한 남자와 착한 여자들은 마땅히 저 세계에 날 것을 발원해야 한다.

과거에 정토왕생을 발원한 사람들은 이미 그 곳에 태어났다. 지금 정토왕생을 발원한 사람들은 금생이 끝나면 그 곳에 태어날 것이다. 내생에 정토왕생을 발원한 사람들은 내세에 그 곳에 태어날 것이다. 부처님께서는 여기에서 청정한 믿음으로 낸 서원은 반드시 실현됨을 증명하신다. 믿음이 없이는 발원할 수 없다. 발원과 믿음이 없이는 왕생은 불가능하다. 이렇기 때문에 부처님께서는 "신심이 있으면 저 세계에 날 것을 발원해야 한다"고 말씀하신다.

발원은 믿음의 표시이고, 수행의 중요한 고리이다. 그래서 발원이 매우 중요한 요소이다.

부처님께서 발원을 말씀하실 때, 믿음과 수행이 포함되어 있음을 이해해야 한다. 그렇기 때문에 부처님께서 반복하여 우리에게 발원하도록 간곡히 권유하신다.

아미타불의 정토에 왕생을 발원할 때, 이 속된 세계에 대한 혐오와 정토에 대한 기쁨을 증명하는 것이다.

속된 세계에 대한 혐오감을 느끼면서, 처음 두 가지 성스러운 진리[聖諦], 즉 괴로움의 진리[苦諦]와 괴로움이 생기는 진리[集諦]에 의지하고, 보살의 위대한 두 서원 즉 모든 중생을 고통에서 구하고(衆生無邊誓願度) 무한한 번뇌를 없애겠다는(煩惱無盡誓願斷) 서원을 낸다.

정토를 기쁘게 찾으면서, 우리는 다른 두 가지 성스러운 진리, 즉 길의 진리[道諦]와 괴로움을 끝내는 진리[滅諦]에 의지하고, 보살의 위대한 다른 두 서원 즉 끝없는 부처님의 가르침을 배우고(法門無量誓願學) 위없는 부처님 도를 이루겠다(佛道無上誓願成)는 서원을 낸다. 이러한 위대한 서원 덕분에 우리는 무상의 완전한 깨달음을 얻고 결코 물러나지 않는다.

문 __ 지금 우리가 발원하면, 모든 것이 금생이 아니라 내생에 관한 이야기 아닌가?

답 __ 여기에 두 가지 의미가 있다. 하나는 금생이라고 부르는 일생에 관한 것이다. 만약 금생에 부처님의 명호를 부르겠다고 발원하면 죽은 후 틀림없이 정토에 왕생한다.

다른 하나는 현재라고 부르는 이 순간에 관한 것이다. 우리 마음이 한 순간 아미타 부처님의 마음과 합치하면, 우리는 그 순간 정토에 태어난다. 매 순간 합치하면 매 순간 정토에 왕생한다. 불가사의한 원인과 불가사의한 결과가 한 마음에서 떨어져 있지 않다. 그것은 저울의 두 끝과 같아, 내려가고 올라가고 때로는 수평에 머문다.

왜 정토의 보배 연못에 태어나려고 이 속세의 일생이 끝날 때까지 기다려야 하는가? 우리가 해야 할 모든 것은 지금 당장 믿음과 서원을 내고 부처님의 명호를 부르는 것이다. 그러면 정토의 연꽃 봉우리가 피어나고 정토의 황금 대좌가 바로 우리 앞에 나타날 것이다. - 그 순간 우리는 더 이상 사바세계의 주민이 아니다.

부처님의 명호를 부르는 것이야말로 갑자기 깨닫는 완전한 가르침(圓頓法門)의 최상의 형태이다. 설명하기도 불가능하고 생각하기도 어렵다. 오직 위대한 지혜를 갖는 사람만이 이를 진정으로 이해하고 믿을 수 있다.

  사리불이여, 내가 지금 여러 부처님들의 불가사의
 한 공덕을 칭찬하는 것같이, 저 부처님들도 또한 나의

불가사의한 공덕을 칭찬하시어 "석가모니불이 심히 어렵고 희유한 일을 능히 하시어 사바세계의 시대가 흐리고(劫濁), 견해가 흐리고(見濁), 번뇌가 흐리고(煩惱濁), 중생이 흐리고, 수명이 흐린(命濁) 오탁악세(五濁惡世)에서 아뇩다라삼먁삼보리를 얻으시고, 여러 중생들을 위하여 이 모든 세계에서 믿기 어려운 법을 설하셨다"라고 말씀하셨다.

비록 모든 부처님의 공덕과 지혜가 같지만, 가르침을 베푸는 방법에는 쉽고 어려움의 차이가 난다. 또한 우리가 사는 탁한 속세보다 정토에서 깨달음을 얻기가 더 쉽다. 우리가 사는 탁한 속세보다 정토에서 중생에게 법을 가르치는 것이 더 쉽다.

우리가 사는 탁한 속세에서 중생에게 점차로 깨닫는 불법[漸法]을 가르치는 것이 갑자기 깨닫는 불법[頓法]을 가르치는 것보다 쉽다.

우리가 사는 탁한 속세에서 중생에게 (정토법이 아닌) 갑자기 깨닫는 불법을 가르치는 것이 수평적으로 초월할 수 있는 갑자기 깨닫는 정토의 불법을 가르치는 것보다 쉽다. [25]

갑자기 수행하여(頓修) 갑자기 깨닫는(頓證) 수평적 초월과 불가사의한 관상(觀想)의 정토법을 가르치는 것은 쉬운 일이 아니다. 그러나 가장 어려운 것은 모든 생각을 초월하는 이 무상의 교묘한 기법, 특별히 수승한 이 불가사의의 정토법이 우리에게 수고로운 수행을 할 필요 없이 단지 부처님의 명호를 부르기만 하면 깨달음의 길에서 결코 물러남이 없는 지위에 직접 오를 수 있다고 가르치는 것이다. 그렇기 때문에 시방의 모든 부처님들이 우리 석가모니 부처님을 가장 용맹한 부처님으로 칭찬하시는 것이다.

경은 오탁악세(五濁惡世)를 설한다. 이것은 무엇을 의미하는가?

시대가 흐린 것(劫濁)은 전쟁과 자연재해가 매우 많은 시대임을 의미한다. 우리의 업장을 그대로 지닌 채 속된 세계를 '수평적으로' 초월하는 정토수행법이 없다면, 이러한 시대에 중생

㉕ | 수평적 초월(탈출): '수평적'과 '수직적'은 매우 비유적인 표현이다. 다음의 예를 통하여 쉽게 이해할 수 있다. 대나무 줄기 속에 태어난 벌레 하나가 있다고 하자. 벌레는 대나무를 탈출하기 위해 줄기의 꼭대기까지 전부 '수직적'으로 기어 올라가는 힘든 길을 택할 수 있다. 한편 현재 벌레가 있는 위치에서 구멍을 뚫어 크고 넓은 세계로, '수평적'으로 탈출할 수 있다. 중생들에게 수평적 탈출은 아미타불의 정토왕생을 찾는 것이다.

제도는 실로 불가능할 것이다.

견해가 흐린 것(見濁)은 미혹하고 삿된 견해가 증대하여 성해짐을 의미한다. 이들은 우리 몸이 우리가 소유하는 실재라는 견해, 죽은 뒤 우리가 소멸하거나 영원히 산다는 견해, 원인과 결과가 없다는 견해, 우리가 자의적으로 집착하는 것이 최선이라는 견해, 우리가 주관적으로 선택한 방법에 의하여 제도된다는 견해들이다. 이러한 견해들로 미혹되어 완전히 그 속에 빠져 있으므로, 이것을 견해가 흐린 것이라 말한다. 견해가 흐린 속에서 정토법의 방편으로 마음을 찾지 않는다면 우리는 분명히 제도될 수 없다.

번뇌가 흐린 것(煩惱濁)은 탐욕, 진에, 무지, 오만과 의심에 의한 충동과 혼란이 점차 증대하여 분쟁과 혼란이 일어남을 말한다. 이와 같이 번뇌가 치성하여 오염된 환경 속에서 우리 보통사람들의 마음이 부처님의 마음과 하나임을 확인하는 정토법이 없다면 우리는 분명히 제도될 수 없다.

견해가 흐리고 번뇌가 흐린 탓으로 오온(五蘊)이 조잡하고 추하게 섞이어 임시로 중생이라고 부르는 것이 생긴다. 따라서, 중생이 흐리다(衆生濁)는 말이 생긴다. 중생의 모습과 마음은 추하다. 고로 흐리다고 말한다. 인간이 처한 상황이 흐리므로 속된 세계를 싫어하여 멀리하고 기쁘게 정토를 찾는 수행을 하지 않는 한 제도는 불가능하다.

수명이 흐린 것(命濁)은 우리가 지은 원인과 그로 인한 결과가 모두 용렬하여 수명이 짧아져 백년에 이르지도 못한다. 이래서 수명이 흐리다고 말한다. 수명이 흐리므로 정토 수행이 아니고는 제도될 수 없다.

뿐만 아니라 믿음과 서원으로 아미타불의 명호를 부르면 시대가 흐린 것이 청정한 것들의 모임으로 변하고, 견해가 흐린 것이 무한한 빛으로 변하고, 번뇌가 흐린 것이 영원히 고요한 빛으로 변하고, 중생이 흐린 것이 정토의 연꽃에 태어나는 화신으로 변하고, 수명이 흐린 것이 무한한 수명으로 변한다.

따라서 부처님의 명호를 한번 부르는 것이 이 오탁악세에서 우리의 근본 스승인 석가모니 부처님께서 수행하여 얻으신 무상의 완전한 깨달음의 마음(아뇩다라삼먁삼보리)을 성취하는 방법이다. 이 경에서 석가모니 부처님께서는 이 깨달음의 정수(精髓) 전체를 취하여 사악하고 탁한 이 세상의 중생들에게 주시는 것이다. 이것은 모든 부처님들께서 경험하시는 경계로서, 오직 부처님들만이 완전히 경험하실 수 있는 것이다. 이것은 지옥, 아수라, 축생, 인간, 하늘사람, 성문, 연각뿐만 아니라 보살들까지도 자력(自力)으로는 완전히 이해할 수 없는 것이다.

다른 부처님들이 석가모니 부처님께서 정토법을 '중생'에게 가르치심을 칭찬하실 때, 이는 우리 오탁악세의 사람들을 의미한다. 경에서 말한 '모든 세계'는 중생들이 살고 있는 모든 세계를 뜻한다.

앞에서는 모든 부처님들께서 정토법을 믿도록 권유하셨다. 다음에 우리 스승인 석가모니 부처님께서 권유하신다. 여기에서 석가모니 부처님께서는 앞에서 부처님들이 '너희 모든 중생들'에게 말씀하셨듯이 법계의 모든 중생들에게 말씀하신다. 문수사리보살이나 아라한인 마하가섭 같은 사람들을 포함하는 대중에게 간곡히 이러한 권유를 하셨음을 알아야 한다.

> 사리불이여, 마땅히 알아라. 내가 오탁악세에서 이 어려운 일을 행하여 아뇩다라삼먁삼보리를 얻고, 모든 세상을 위하여 이 믿기 어려운 법을 설하는 것은 참으로 어려운 일이다.

믿음과 서원으로 오로지 부처님 명호를 외우는 단 하나의 수행은 세속적 이익을 얻기 위함이 아니다. 그것은 오탁악세를 완전히 변화시킬 수 있는 수행법이다. 오직 믿음을 통하여 이 경계에 들어갈 수 있다. 단지 생각만으로는 거기에 이를 수 없다.

만약 우리의 근본 스승이신 석가모니 부처님께서 어지럽고 사악한 우리 사바세계에 오셔서 깨달음을 얻는 것을 보여주시고, 위대한 지혜와 자비로 이 법을 드러내고, 수행하고 가르쳐 주지 않으셨다면 어찌 중생들이 이 소식을 들을 수 있었겠는가?

우리는 시대가 흐린 세계에 살고 있으므로 분명히 시간에 갇혀 고통을 당하고 있다.

우리는 견해가 흐린 세계에 살고 있으므로 분명히 삿된 지식에 걸려 삿된 스승들에게 속고 있다.

우리는 번뇌가 흐린 세계에 살고 있으므로 분명히 탐욕에 빠져 악업의 짐을 지고 있다.

우리는 중생이 탁한 세계에 살고 있으므로 분명히 악취 나는 더러움 속에 있는 줄 모르고 만족하여 쉬고 있다.

우리는 더 이상 향상하려는 노력도 하지 않고, 타락하여 허약한 채로 남으려 하고 있다.

우리는 수명이 흐린 세계에 살고 있으므로 분명히 무상(無常)에 먹혀 목숨이 어떻게 해볼 수도 없이 너무 빨리 지나가 버린다.

만약 우리가 당면하고 있는 심각한 어려움을 깊이 이해하지 못 한다면, 정토수행 말고 우리를 오탁악세에서 구출할 수 있는 다른 방법이 있다고 믿는다면, 우리는 불타는 집 안에서 공허한 논쟁의 혼란 속에 길을 잃고 있는 것이다.

오직 당면하고 있는 심각한 어려움을 깊이 깨달아야만 우리의 부정직한 태도를 뿌리 뽑고, 정토수행의 소중함을 귀중히 여길 것이다. 이렇기 때문에 우리의 스승인 석가모니 부처님께서 우리의 상황이 얼마나 비참한지를 이렇게 길게 설명하시고 그 의미를 깨닫도록 하신 것이다.

마침내, 경은 그 끝맺음에 이른다.

> 부처님께서 이 경을 말씀하시니, 사리불과 여러 비구들, 모든 세상의 하늘사람, 사람과 아수라들이 부처님의 말씀을 듣고 즐거이 믿어 받아서 예배하고 물러갔다.

정토의 가르침은 불가사의하다. 그것은 믿기도 어렵고 이해하기도 어렵다. 아무도 부처님께 그것에 관하여 물어볼 수 없었다. 그러나 부처님께서 지혜로써 상황을 보시고 사바세계의 중생들이 깨달음을 얻을 조건이 무르익었음을 아셨다. 이리하여 부처님께서는 질문을 받지 않으시고 스스로 정토의 가르침을 널리 펴서 중생들이 진리를 들음으로써 혜택을 입고, 다른 사람들을 돕고 선행을 하여 혜택을 입고, 악행을 피하여 혜택을 입고, 그리고 무상의 진리를 체험하여 혜택을 입도록 하셨다.

부처님의 정토법문은 때맞게 내리는 비와 같아 듣는 사람들이 '즐거이 믿어 받았다.' '즐겁다'는 것은 그들이 몸과 마음에서 즐거움을 느꼈다는 말이다. '믿었다'는 것은 그들에게 의심이나 의문이 없었다는 말이다. '받았다'는 것은 그들이 받아들여 결코 잊지 않겠다는 말이다. '그들이 모두 예배했다'는 것은 그들이 부처님의 위대한 자비에 감격하여 그분에게 의탁했다는 것을 의미한다. 물러갔다는 것은 그들이 부처님의 가르침에 따라 끊임없이 수행하고 결코 물러나지 않았음을 뜻한다.

만약 이 수행법 중 어느 하나라도 완성한다면

(그리고 그 공덕을 정토왕생에 회향한다면), 정토에 왕생하게 될 것이다.

부처님의 명호를 부르는 것이 모든 근기의 사람들을

가장 광범위하게 끌어 모을 수 있고,

그리고 수행하기 가장 쉬운 방법이다.

발문

경전에서는 "말법 시대에는 수없이 많은 사람들이 수행할지라도 그 가운데 단 한 사람도 깨달음을 얻기가 어렵다. 오직 부처님 명호를 부르는 수행에 의지해야 해탈한다."고 설했다.

오호라! 지금 이 시대가 바로 경전이 설한 때이다. 부처님 명호를 부르는 이 불가사의하고 강력한 방법을 버린다면 우리가 어떻게 청정해질 수 있겠는가?

처음에 집을 떠나 승려가 되었을 때, 나는 선 수행이 최고인 줄 알았다. 스스로 선사임을 자부하면서 경전을 경시했다. 솔직히 부처님의 명호를 부르는 정토 수행법은 보통사람이나 그보다 더 모자란 근기를 가진 사람들에게 적합한 불교의 한 형태라고 생각했었다. 얼마나 어리석고 그릇된 편견을 갖고 있었는지 그 때는 몰랐었다.

후에 큰 병을 얻었다. 아미타불의 명호를 외면서 병이 나았다. 체험을 통해 아미타불의 깊은 원력과 정토 수행의 신묘한 힘을 느낄 수 있었다. 그 후 아미타불의 정토에 태어나려는 열망을 갖게 되었다. 다시 정토불교의 주석서들인 『묘종초(妙宗鈔)』, 『원중초(圓中鈔)』와 주굉(袾宏) 대사의 『아미타경소초(阿彌陀經疏鈔)』와 같은 수많은 저술을 공부하였다. 마침내 부처님의 명호를 부르는 삼매[念佛三昧]가 위없이 참된 보배임을 알게 되었다. 그때부터 오직 전적으로 부처님 명호를 부르는 수행에 전념하였다 – 만 마리 소들도 나를 염불 수행에서 떼어낼 수 없다.

오랫동안 정토 수행을 닦은 내 도반이 아미타경의 위대한 의미를 쉬운 말로 분명하게 밝혀달라고 요청하였다. 나에게 경의 요지를 설명해달라고 하였다. 나의 바람 또한 세상의 모든 중생들이 다 함께 정토에 왕생토록 하는 것이었고, 도반의 좋은 취지를 거절할 수 없어 필을 들었다. 『아미타경요해(要解)』, 이 책을 1647년 늦은 가을에 시작하여 아흐레 만에 마쳤다.

나의 소망은 단 한 가지뿐이다. 이 책의 한 줄, 한 단어가 정토 수행자들의 '자량(資糧)'이 되어, |❷ 읽고 듣는 사람이 모두 물러남이 없는 지위에 오르는 것이다. 믿는 사람이나 의심하는 사람들 모두 깨달음의 씨앗을 뿌리기 바란다. 칭찬하는 사람이나 비방하는 사람들 모두 해탈하기를 바란다. |❷

이 책을 모든 부처님과 보살님들이 받아들이고 인가해 주시기를 바란다. 같이 공부하는 사람들과 도반들이 이를 즐거워하고 보호해주기를 바란다.

수행자 우익(藕益)이 49세에 쓰다.

㉖ | 자량(資糧): 다음 구절을 보자. 믿음, 발원, 수행은 정토수행법의 '세 가지 자량'이라 한다. 먼 길을 떠나는 사람들이 여행 중 필요한 의약, 식량, 의복, 자금을 충분히 준비해야 하듯이, 정토수행자들도 굳은 발원을 위해서 믿음을 가져야 한다.

　그러나 수행이 없는 믿음과 발원은 공허하다. 마찬가지로, 믿음과 발원이 없는 수행은 기준과 방향이 없어 길을 잃을 것이다. 따라서 믿음, 발원, 수행은 먼 곳에서 정토로 돌아가는 사람들에게 '자량'이 된다. (Thich Thien Tam, Buddhism of Wisdom and Faith, sect. 21)

㉗ | 우익 대사가 지은 이 발원문은 대승 수행의 정수를 나타낸 것으로 정토불교인들에게 잘 알려져 있다.

믿음이 없이는 발원하기에 부족하다.

발원이 없이는 수행으로 이끌기에 부족하다.

부처님 이름을 부르는 묘한 수행 없이는 소원하는 것을 이루어

믿음의 결실을 보기에 부족하다.

역자 후기

20여 년 전 성북동의 어느 사찰에 우연히 들렀다가 『무량수경』을 선물 받았다. 장정은 다소 조잡하였지만 그 책에 『아미타경』, 『무량수경』, 『관무량수경』과 정토에 관한 여러 조사들의 법문들이 실려 있었다. 그때는 불교를 잘 몰랐었고, 또 얼핏 보니 지적으로 호기심을 끌 만한 내용이 없는 것 같아 그냥 서가 한 쪽에 꽂아 둔 채 잊고 있었다.

그러나 그 책에서 명나라 우익 선사가 마치 우화처럼 황당하게 들리는 『아미타경』에 『화엄경』의 깊은 법장과 『법화경』의 비밀한 골수와 부처님의 심요와 보살만행의 지남이 있다고 극찬한 것을 보고 참 이상하다고 생각한 기억은 희미하게 남아 있었다.

그 후 불교에 눈을 뜨게 되었고, 자연스레 조계종의 소의경전인 『금강경』을 공부하였다. 그 외에도 많은 불자들이 독송하는 『반야심경』, 『천수경』, 『관음경』 등의 경전과 불교서적들을 나름대로 구입하여 공부하기 시작하였다. 아울러 선과 밀교와 정토불교에 대해서도 알기 위해 노력했다. 사찰은 자주 찾지 못하였기 때문에 전적으로 불교서적을 의지해서 공부했다. 그러나 다행스럽게 그 당시 사간동 법련사 주지로 계셨던 현호 스님 덕분에 송광사의 방장스님이셨던 구산, 일각 큰스님들을 가까이 뵙고, 선불교에 대한 귀중한 법문을 들을 수 있는 기회를 가졌다. 그러나 큰스님들께서 열반하신 뒤부터는 또 혼자 불교 공부를 하게 되었다.

아미타경에 관한 최고의 주해서

많은 시간이 흘렀으나, 석가모니 부처님께서 펴신 여러 가르침 중에 과연 어떤 길을 따라야 할지 막막하였다. 그러다 우리 대학 도서관의 불교섹션에서 이 책의 저본인 『불교의 정수 (The Mind Seal of Buddha)』를 발견하였다. 미국에서 출간된 책인데 표지의 아미타불이 고려시대의 불화(佛畵)여서 느낌이 더 좋았다. 그 내용을 살펴보니, 명나라의 고승인 우익 대사의 『아미타경요해』를 영역한 것이었다.

마침 그 무렵 중국에 정토불교를 널리 홍왕시킨 인광 대사의 법문집인 『화두 놓고 염불하세(김지수 역, 불광출판사, 2000)』가 출간되었다. 이 책을 통해 정토종의 13대 조사로 존경받는 인광 대사를 흠모하게 되었다. 그런데 존경하는 인광 대사가 우익 대사의 『아미타경요해』를 "이치와 사리가 모두 지극하고, 부처님께서 이 경을 설하신 이래 최고 제일의 주해로서 지극히 미묘하고 정확해서, 설령 옛 부처님들께서 다시 태어나 이 경에 주석을 단다고 해도 이 『아미타경요해』를 능가하지 못할 것이다"라고 극찬한 내용을 읽고는 이 책을 다시 보게 되었다.

이러한 인연으로 깊은 관심을 갖고 이 책을 읽은 후, 내가 가야 할 길이 정통임을 분명히 깨달았다. 또 이 책을 우리말로 번역하여 우익 대사의 귀한 가르침을 여러 사람들에게 전하고 싶은 강한 열정이 일어났다. 이 책은 얼핏 보면 깊은 불교적 교의도 없어 보이는 『아미타경』에 말할 수 없이 심오하고 광대한 불교의 진리가 보석처럼 무수히 박혀있음을 여실히 보여주었다. 우리가 눈이 어두워서 그 아름답고 황홀한 보석들의 빛을 바라볼 수 없었던 것이다. 『아미타경』에 대한 우익 대사의 극찬과 『아미타경요해』에 대한 인광 대사의 극찬이 과연 빈 말씀들이 아닌 것을 깨닫게 되었다.

수승한 정토불교의 진수를 밝혀놓다

　불교 아니 모든 종교의 기본적인 역할은 모든 중생을 고통으로부터 구제하는 것이다. 우리가 사는 세계는 깨닫지 못하는 중생들에게는 모두 다 고통스러운 일로 이루어져 있다. 어리석은 사람들에게 즐겁게 보이는 일도 사실은 고통스러운 일에 지나지 않는다.

　이러한 까닭에 불교는 이 세계를 고통을 참고 살아야 하는 세계, 즉 인토(忍土) 또는 사바세계라고 부른다. 이러한 인토에 대비되는 개념이 정토(淨土)이다. 즉 정토는 어떠한 고통스러운 일도 없는 행복한 세계이다. 불교를 포함하여 모든 종교는 미혹한 중생들을 인토에서 정토로 인도하는 가르침이라고 볼 수 있다.

　인토는 왜 생기는가? 우리의 마음이 미혹하여 어리석음으로 더럽혀져 있기 때문이다. 따라서 괴로움을 참고 살아야 하는 인토는 어리석은 마음으로 더럽혀진 더러운 땅 예토(穢土)이다. 정토는 더러운 마음의 때들이 말끔히 가신 청정한 마음의 세계이다.

　무엇이 어리석음인가? 우리가 지각하는 모든 존재와 현상이 자성이 없이 비어 있음을 알지 못하고 그것들에 집착하는 것이다. 따라서 정토는 비어 있는 청정한 마음에 비추는 우주만상이라고 볼 수 있다. 또한 불교의 모든 가르침들은 우리의 어리석음에서 비롯한 탁한 마음을 정화하여 본래의 청정한 마음으로 돌아가 모든 고통으로부터 해탈하는 길을 제시한 것이라고 볼 수 있다.

불교가 우리를 정토로 이끌어주는 가르침들이라고 할 때, 어떤 가르침이라도 우리를 정토로 이끌어주기만 하면 된다. 거기에 어떤 우열이나 차별을 둘 필요는 없다. 다 중생들의 근기에 따라 적합한 방편들이 있을 뿐이다. 그러나 우리가 어떤 기준을 설정하고, 그 기준에 의해 불교의 여러 형태를 비교할 때는 우열과 차별이 있을 수 있다. 그 기준으로 어떤 것들을 제시할 수 있을까? 여기서 몇 가지 기준들을 생각해보자.

첫째, 보편성을 들 수 있다. 즉 많은 중생들이 수행하기 쉬운가에 대한 문제이다. 선종은 최상의 근기를 요구하고, 밀교는 번잡한 의식이 필요하다. 또한 교종은 충분한 학식이 필수적이다. 그러나 정토는 일자무식이라도 염불할 수 있다. 또 상중하 근기를 가진 누구라도 언제 어디서나 어느 때나 염불할 수 있다. 따라서 수행의 보편성에서 정토는 타 종파와 비교할 수 없을 정도로 수승하다.

둘째, 안전성을 들 수 있다. 도고마성(道高魔盛)이라고 수행이 깊어지면 여러 가지 마장이 생긴다. 마장이 수행을 방해하고 자칫하면 수행의 길에서 물러나는 경우도 있다. 그런데 정토는 수행의 길에서 결코 물러남이 없는 불퇴전(不退轉)의 확실하고도 안전한 길이다. 아미타불을 염불하는 사람은 시방의 모든 부처님이 보호하고 염려하여 수행의 길에서 결코 물러나지 않게 된다. 이것은 다른 불교에서 볼 수 없는 정토불교의 엄청난 혜택이다.

셋째, 효율성을 들 수 있다. 정토는 죄업을 짓고도 정토에 왕생하여 단 한 번의 일생에 성불할 수 있다. 이것은 아미타불의 공덕과 서원 덕분에 가능한 것이다. 다른 불교는 티끌만한 죄업일지라도 없어질 때까지 수많은 생을 닦아야 성불이 가능하다. 그 과정에서 마장을 만나 뒤로 물러선다면 성불의 시기는 참으로 기약할 수 없는 것이다. 뿐만 아니라 다른 불교 수행의 과정은 대부분 고통스럽다. 그러나 아미타불 염불수행으로 누구나 일단 정토에 왕생하기만 하면 즐겁고 행복한 극락세계, 말할 수 없이 좋은 환경에서 거침없이 성불의 길로 나아간다.

넷째, 정서적 측면이다. 정토는 우리에게 지극히 아름답고 청정한 정토의 모습을 보여준다. 다시 말해서 정토의 상(相)을 눈에 보이게끔 구체적으로 제시하고 그 곳으로 우리를 이끌어 준다. 상이 없어 보이지도 않는 마음을 찾는 선(禪)처럼 어렵고도 무미건조한 수행도 아니고, 어려운 경전을 외우고 그 뜻을 헤아리려고 노력할 필요도 없고, 번잡한 밀교수행도 할 필요가 없다. 단지 아름답고 청정한 정토를 마음속에 그리워하고 부처님의 명호를 부르며 그 곳에 왕생하기를 진심으로 바라기만 하면 된다. 마치 타향살이의 고달픈 인생들이 부모, 형제와 행복하게 지냈던 어린 시절의 고향을 그리워하는 것처럼, 정토는 그리움의 불교이다.

다섯째, 재회의 기쁨이다. 우리 가족은 전생의 인연으로 모여 이 사바세계에서 잠시 함께 살다 인연이 다하면 모두 뿔뿔이 흩어진다. 어디로 가는지도 모르고 늦가을에 부는 북풍에 지는 낙엽처럼 서로 쓸쓸히 헤어진다. 이 세상은 다시 만날 기약도 없이 사랑하는 사람들을 저승으로 떠나보내는 슬픈 사람들의 울음소리로 가득하다. 정토는 이러한 슬픔을 극복하는 확실한 길이다. 서로 정토에서 만나길 기약하면서 염불하면, 이승에서 헤어진 후 다시 정토에서 기쁘게 만나게 된다. 그리고 그곳에서 다시는 서로 슬프게 이별하지 않는다

위에서 고찰한 바와 같이 정토불교에는 다른 불교와 비교할 수 없는 수승한 측면들이 있다. 그러나 정토의 이러한 단순함, 아름다움과 수승함의 배후에 자리한 오묘하고도 광대한 불교

의 진리를 밝혀내는 작업은 오직 최상의 선지식에게만 가능한 일이다. 이 엄청난 작업을 명쾌하게 수행한 것이 바로 이 책 우익 대사의 『아미타경요해』라고 생각한다.

우리 시대의 가장 적합하고 효과적인 정토수행법

현재 한국불교는 힘찬 생명력을 잃어버리고, 내우외환에 시달리고 있다. 그 원인이 무엇인가?

필자는 한국불교가 선을 지나치게 강조한 것도 그 원인 중의 하나라고 생각한다. 선은 마음이 충분히 정화된 상근기의 사람들에게 적당한 방법이라고 할 수 있다. 그렇지 않은 중하근기의 사람들에게는 무미건조한 화두가 들어올 여지가 없다. 오랫동안 상에 집착하여 마음이 탁해진 사람들에게 상을 떠난 화두를 참구하라고 강조하다 보니 결국 중하근기의 보통사람들은 불교와 멀어지게 된 것이다. 대중에게서 유리되니 자연히 불교가 생명력을 잃어버리게 되었다고 생각한다.

이제 불교의 기반을 넓히고 불자들에게 힘찬 생기를 불어넣는 수행방법에 대해 진지하게 고민해야 할 것이다. 오랫동안 상에 집착해온 대다수의 중생들에게 어필할 수 있는 수행법, 대중들에게 적합한 불교를 찾아야 한다. 필자는 위에서 고찰한 여러 가지 이유를 근거로 정토불교가 우리 시대에 가장 효과적인 수행법이라고 생각한다.

그러나 정토불교를 펴기 위해서는 먼저 해야 할 일이 있다. 정토불교는 지성이 낮고 우매한 사람에게 적합한 하급의 불교라는 그릇된 인식을 뿌리 뽑는 일이다. 그러기 위해서는 정토불교를 적극 권장할 수 있는 교학적 근거를 가져야 하는데, 그 점을 유감없이 명쾌하게 제시한 것이 우익 대사의 아미타경요해라고 생각한다. 바로 이 점이 필자가 이 책을 번역하게 된 동기다.

이 책은 우익 대사의 『아미타경요해』를 서구의 지성인들에게 소개하고자 출판한 것이다. 그래서 영역자인 J.C. Cleary 박사는 이 책의 요지가 크게 손상되지 않는 범위에서 원저에 나오는 난삽한 불교 교학에 관한 부분들은 생략하였다. 그럼에도 불구하고, 이 책은 우익 대사의 불후의 명저를 잘 소개하여 독자들에게 정토불교의 무한한 깊이와 폭을 인식시키는 데 부족함이 없다.

이 책을 번역하면서, 청나라 원영 법사(圓瑛法師)의 『아미타경요해강의(阿彌陀經要解講義)』를 참조하였다. 이 책의 독해에 도움을 주신 전 한국외국어대학교 교수 김상근 선생님께 감사를 드린다.

안심하고 행복하게 눈 감을 수 있는 길

『아미타경』에 의하면, "염불하는 사람은 시방에 계신 모든 부처님들이 보호하고 염려해주시고, 이 세상을 떠날 때는 아미타불이 성중과 함께 우리를 서방극락정토로 인도하러 오신다"고 설했다. 이 밖에 불자들이 더 바랄 것이 뭐가 있겠는가?

또『아미타경요해』에서 우익 대사는 더 심원한 차원에서 우리가 일심으로 염불하면 우리는 그 순간 부처가 되고 무한히 청정하고 아름답고 행복한 정토가 우리 앞에 전개된다고 말했다. 부처 되기도 어렵지 않고, 정토왕생도 이 몸을 버린 후까지 기다릴 필요가 없는 것이다.

절에 수십 년간 다니고도 갈 길을 몰라 헤매는 사람들을 많이 보았다. 선, 밀교, 교종, 위빠사나 수행 등 수많은 수행 길에서 어느 길을 택할지 몰라, 이 길 저 길 오랜 기간 방황하는 것을 보면 참으로 안타깝다. 죽음에 임박했을 때 눈 떨어진 후 갈 곳을 모른다면 그 동안의 불교수행이 어떤 의미를 갖겠는가? 얼마나 허망한 일이겠는가? 오직 정토만이 갈 곳을 미리 정해 놓고 모든 수행을 정토왕생으로 회향하기 때문에 마치 태양을 바라보는 해바라기처럼 안심하고 행복하게 눈 감을 수 있다.

가장 쉽고, 안전하고, 누구나 어디에서도 할 수 있는 염불을 통하여 이 고통스럽고 탁한 오탁악세의 예토가 문득 아름답고, 청정하고 행복한 정토로 바뀌는 심오한 이치가 이 책에 풀이되어 있다. 불교의 근본적인 의의는 우리 모두가 정토를 구현하여 그 속에서 행복하게 잘 사는 데에 있다. 바라건대, 많은 불자들이 정토를 닦아 불교의 대중적 기반이 확대되고, 그 안에서 힘찬 생명력이 발동하여 우리나라 불교가 융성하여 모두가 행복하게 함께 살 수 있기를 기원한다.

   원이차공덕(願以此功德) 장엄불국토(莊嚴佛國土)
   상보사중은(上報四重恩) 하제삼도고(下濟三途苦)
   약유견문자(若有見聞者) 실발보리심(悉發菩提心)
   진차일보신(盡此一報身) 동생극락국(同生極樂國)

             2007년 초겨울
             우면산 아래서.
              이기화 합장

참고문헌

Cleary, Thomas, tr., The Flower Ornament Scripture: A Translation of the Avatamsaka Sutra(Three Vols) Boston, Ma and London: Shambhala, 1984~1987.

Eracle, Jean, tr., Trois Sôutras et un Traité Sur La Terra Pure. Genéve, Suisse: Editions Aquarius, 1984.

Hsuan Hua(Master), A General Explanation of the Buddha Speaks of Amitabha Sutra. San Francisco, CA: Buddhist Text Translation Society, 1974.

Humphreys, Christmas, The Buddhist Way of Life. London: Unwin Paperbacks, 1980. (Originally pub. 1969)

Narada Maha Thera, The Buddha and His Teachings. Singapore: Singapore Buddhist Meditation Center.(Originally pub. c. 1973)

Okazaki, Joji, Pure Land Buddhist Painting. Elizabeth ten Grotenhuis, tr. Tokyo: Kodansha, 1977.

Seki, Hozen, Buddha Tells of the Infinite: the "Amida Kyo" [Amitabha Sutra]. New York: American Buddhist Academy, 1973.

Snelling, J., The Buddhist Handbook. Rochester, Vt: Inner Traditions, 1991.

Suzuki, D. T., "Zen and Jodo, Two Types of Buddhist Experience." In The Eastern Buddhist, Vol. IV, No. 2, Jul.-Sept. 1927, pp. 89~121.

Tan Hsu(Master), On Amidism, New York: The Buddhist Association of the United States, 1995(reprint).

Thich Thien Tam(Master), tr., Pure Land Buddhism: Dialogues with Ancient Masters. Sutra Translation Committee of the United States and Canada, 1992.
_____ , Buddhism of Wisdom and Faith. Sutra Translation Committee of the United States and Canada, 1994.

왜 나무아미타불인가?
우익 대사의 아미타경 요해

2007년 12월 21일 초판 1쇄 발행
2025년 9월 15일 초판 9쇄 발행

편집인 우익지욱 • 영역자 J. C. Cleary • 옮긴이 이기화
발행인 박상근(至弘) • 편집인 류지호 • 편집이사 양동민
편집 김재호, 양민호, 김소영, 최호승, 정유리, 이란희, 이진우 • 디자인 쿠담디자인
제작 김명환 • 마케팅 김대현, 김대우, 이선호, 류지수 • 관리 윤정안
콘텐츠국 유권준, 김희준
펴낸 곳 불광출판사 (03169) 서울시 종로구 사직로10길 17 인왕빌딩 301호
　　　　대표전화 02) 420-3200 편집부 02) 420-3300 팩시밀리 02) 420-3400
　　　　출판등록 제300-2009-130호(1979. 10. 10.)

ISBN 979-89-7479-632-7 (03220)

값 16,000원

잘못된 책은 구입하신 서점에서 바꾸어 드립니다.
독자의 의견을 기다립니다. http://www.bulkwang.co.kr
불광출판사는 (주)불광미디어의 단행본 브랜드입니다.